한국사 북아트

조선시대~6.25

싹둑싹둑, 사각사각
만들기로 배우는
찬란한 우리 역사

한국사 북아트
조선시대~6.25

초판 인쇄일 2023년 4월 27일
초판 발행일 2023년 5월 4일

지은이 양영모
부록 일러스트 양희진
발행인 박정모
발행처 도서출판 혜지원
주소 경기도 파주시 회동길 445-4(문발동 638) 302호
전화 031)955-9221~5
팩스 031)955-9220
홈페이지 www.hyejiwon.co.kr

기획 김태호
진행 박주미
디자인 김보리
영업마케팅 김준범, 서지영
ISBN 979-11-6764-055-0
정가 18,000원

Copyright©2023 by 양영모 All rights reserved.
No Part of this book may be reproduced or transmitted in any form,
by any means without the prior written permission of the publisher.

이 책은 저작권법에 의해 보호를 받는 저작물이므로 어떠한 형태의 무단 전재나 복제도 금합니다.
본문 중에 인용한 제품명은 각 개발사의 등록상표이며, 특허법과 저작권법 등에 의해 보호를 받고 있습니다.

머리말

역사와 북아트의 의미 있는 만남 · 역사놀이

"역사를 잊은 민족에게 미래는 없다."

역사 교육의 중요성을 강조하는 이 말처럼, 아이들에게 역사를 가르치는 일은 꼭 필요합니다. 역사는 과거를 통해 올바른 미래를 설계하는 데 중요한 역할을 하기 때문이죠. 하지만 역사를 공부하는 것을 좋아하는 아이들이 몇이나 될까요? 수업을 하면서 아이들에게 역사가 재미있냐고 물어보면 10명 중 8명은 재미없다고 말해요. 역사는 나와는 전혀 상관없는 케케묵은 낡은 이야기 정도로만 생각하거나 외울 것 많은 시험과목 중 하나로만 여기는 것이 현실이지요.

저는 예전부터 TV에서 보던 역사 드라마나 역사적 사건을 바탕으로 만들어진 영화들을 좋아했어요. 『삼국사기』, 『삼국유사』 속 역사도 옛날이야기를 듣는 것처럼 재미있었고 선덕여왕, 세종대왕, 이순신 등 역사 속 인물들의 이야기도 너무나 흥미로웠지요.

"선생님은 역사가 재미있어요? 난 재미없는데……."

한국사 북아트는 한 학생의 질문에서부터 시작됐어요. 저는 이 학생의 질문을 통해 '역사에 흥미가 없는 아이들에게 역사를 재미있게 가르칠 방법은 무엇이 있을까?' 하는 고민을 하게 되었답니다. 그리고 '북아트'라는 만들기 활동을 생각해 냈어요. 북아트는 오리고, 붙이고, 쓰며 아이들이 즐겁게 역사를 배울 수 있는 좋은 학습 활동이었죠.

수업을 진행하면서 아이들이 단순히 역사책을 읽거나 암기만 하면서 역사 공부를 끝낼 때보다, 북아트라는 나만의 책 만들기 활동을 했을 때 내용을 더 오래 기억하고, 자신의 생각도 뚜렷하게 정리할 수 있다는 사실을 알게 되었어요. 그렇게 북아트와 역사를 접목하여 수업한 지도 어언 7, 8년이 흘렀네요.

그동안 도서관과 학교 등지에서 많은 아이들을 만나 다양한 한국사 북아트 수업을 진행했어요. 수업이 끝나고 아이들이 한국사 북아트 수업만 계속했으면 좋겠다는 얘기를 들었을 때는 정말이지 말로 표현할 수 없는 뿌듯함과 감사함을 느꼈지요.

그 결과로 1년이 넘는 시간 동안 어떻게 하면 효과적으로 한국사 북아트를 소개할 수 있을지 고민한 끝에 『한국사 북아트: 조선시대~6.25』를 집필하게 되었어요. 이 책은 가정에서뿐 아니라 학교, 도서관, 학원 등 언제 어디서나 활용할 수 있고, 한국사에 관심 있고 우리 역사를 사랑하는 사람이라면 누구나 따라 할 수 있어요. 특히 우리 아이들에게 도움을 많이 주고자 했답니다.

부디 이 책이 많이 활용되고 그 쓰임을 다하기를 바라요. 저는 앞으로도 북아트 전도사로서 지금까지 해 왔던 것처럼 아이들과 함께 호흡하며 참된 교육을 실천하기 위해 다양한 북아트를 만들고 보급하는 일에 전념하고 싶어요.

우리 역사는 단군이 고조선을 세우면서 시작되었어요. 선사시대를 지나 국가가 건설되고, 법과 질서를 세우면서 나라가 점점 더 풍요로워졌지요. 삼국시대에서부터 통일신라시대, 고려시대와 조선시대를 거치고 현대에 이르기까지 우리 민족은 찬란한 문화적 유산들을 많이 남겼어요. 우리나라의 유구한 역사는 이렇게 면면히 이어져 왔답니다.

이 책에서는 ==고려의 멸망과 조선의 건국부터 일제강점기와 6.25 전쟁까지==, 현재의 우리에게 가장 가까운 역사적 사건들을 담았어요. 『한국사 북아트: 조선시대~6.25』를 통해 흥미진진하고 재미있는 우리 역사의 사건들과 그 역사의 주인공들을 만나 보세요.

저자 **양영모**

목차

- 머리말   4
- 책의 구성   10
- 이 책의 특징   12
- 북아트란?   14
- 기호와 약속   15
- 한국사 북아트 재료 소개   16

1장 고려의 멸망과 조선의 시작

- 01 고려 멸망과 조선의 건국   2면 사각주머니책 • 20
- 02 600년 전 서울, 한양 구경   동서남북 딱지책 • 25
- 03 세종대왕과 훈민정음   간단한 깃발북 • 29
- 04 장영실과 조선의 과학   4면 입체 무대책 • 35
- 05 조선의 큰 법, 경국대전   세로형 4면 책등 팝업책 • 41
- 06 조선 왕의 하루   빙글빙글 돌아가는 휠북 • 47
- 07 조선의 수능시험, 과거   전통 하우스북 • 51

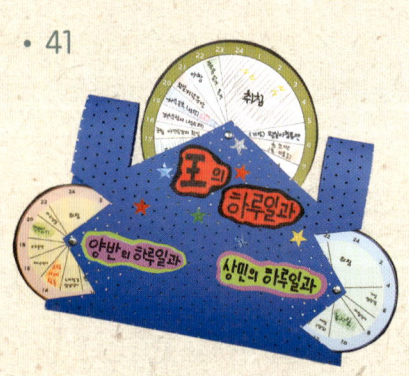

2장 우리 땅을 지키기 위한 노력

01 7년 전쟁 임진왜란   3단 네모 팝업 물결책 • 58
02 이순신과 거북선   V자 팝업 6면책 • 64
03 진주대첩과 행주대첩   이중 6면 도자도북 • 72
04 홍의장군 곽재우   삼각주머니 응용책 • 78
05 상처로 남은 병자호란   네모 팝업 양쪽 대문책 • 82
06 독도를 지킨 안용복   6각형 벌집책 • 87
07 선비를 닮은 소박한 백자   박물관 액자 팝업책 • 91

3장 화려하게 꽃피운 조선의 문화

01 영조와 사도세자   네모 상자 팝업책 • 98
02 정조와 수원 화성   이중 무대 팝업북 • 104
03 다산 정약용   간단 네모 팝업북 • 109
04 조선의 실학자들   포켓북 • 115
05 조선의 화가, 김홍도와 신윤복   부채 팝업 도자도북 • 120
06 김정호와 대동여지도   스탠딩 팝업북 • 126
07 백성들이 즐긴 서민 문화   카메라책 • 130

4장 조선 후기의 사회

- 01 여자 거상 김만덕 오리가미 양문책 • 138
- 02 강화 도령 철종 3단교차 깃발북 • 144
- 03 서학과 서양 문물들 삼각주머니 접기책 • 148
- 04 동학과 천도교 층층이 계단북 • 154
- 05 녹두 장군 전봉준 돌아가는 매직북 • 158
- 06 조선 후기 여성의 삶 액자 모양 아코디언북 • 164

5장 외세의 침입과 조선 사회의 변동

- 01 서양 세력과의 전투 한 장씩 빼서 보는 봉투책 • 172
- 02 흥선대원군 간단 4면 계단책 • 176
- 03 임오군란과 갑신정변 사방 3단 접이책 • 180
- 04 고종과 명성황후 이중 액자 모양 팝업책 • 185
- 05 비운의 마지막 왕실 가족 사각주머니책 • 189

6장 독립운동과 6.25 전쟁

- 01 3.1운동과 유관순 펼치면 튀어오르는 팝업책 • 196
- 02 5인의 독립운동가들 마트료시카북 • 201
- 03 예술 분야의 민족저항운동 이중 삼각 팝업 펼쳐지는 책 • 206
- 04 여성 독립운동가들 폴드폴드 별북 • 212
- 05 6.25 전쟁 180° 3단 불꽃 팝업북 • 217

부록

오려서 바로 사용할 수 있는 활동지 • 223

- 북아트를 만들거나 페이지를 꾸밀 때 꼭 필요한 이미지와 도안을 담았습니다.

책의 구성

1 다양한 북아트 형식 소개와 만들면서 배우는 역사 이야기

각 주제에 맞는 북아트 형식을 소개하고 있어요. 소개하는 북아트 형식을 참고해 다양한 과목, 주제의 북아트를 만들어 볼 수도 있답니다. 만들면서 배우는 역사 이야기에서는 만들게 될 북아트의 주제가 되는 역사적 사건을 한눈에 파악할 수 있게 소개해 북아트를 만들기 전에 배경지식을 쌓을 수 있어요.

2 정확한 사이즈의 준비물과 친절한 설명

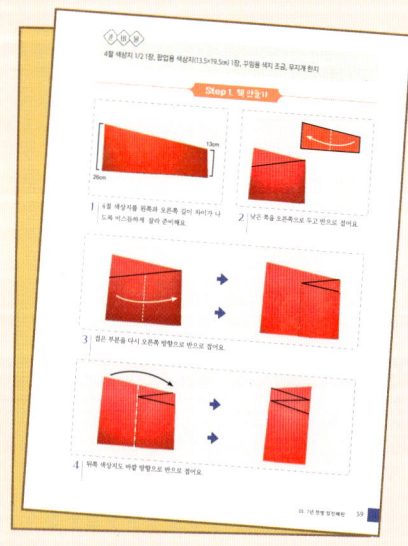

북아트를 만드는 데 필요한 준비물들을 사이즈별로 상세하게 알려줘 책에 나오는 것과 동일한 북아트를 만들 수 있어요. (Step 1)에서는 북아트 책의 형태를 만드는 법을 친절하게 설명하고 있어요. 과정을 따라 다양한 북아트를 만들어 보세요.

 나만의 책으로 역사 공부를 재미있게!

Step 2 에서는 역사적 사실을 북아트에 채우는 과정을 볼 수 있어요. 북아트를 꾸미고 내용을 배치하면서 우리 역사를 자연스레 배울 수 있답니다. '좀 더 공부해 보기'에서는 북아트를 알뜰하게 활용해 추가 학습을 할 수 있어요. 해당 과정에 적힌 부록 페이지에서 이미지를 오려 활용할 수 있어요.

 북아트 만들기에 필요한 도안과 이미지 자료 제공

책의 뒷면 부록에 북아트를 만드는 데 꼭 필요한 사진 자료와 일러스트를 선별해 담았어요. 가위로 이미지를 오려내 붙이기만 하면 북아트를 더 생생하게 꾸밀 수 있답니다. 이 책에 수록되지 않은 이미지들은 스스로 찾아서 북아트에 활용해 보세요.

이 책의 특징

1 이 책은 총 6개의 장 속에 38개의 북아트가 들어 있어요.

조선 이후 우리 역사를 시간의 흐름에 따라 중요한 사건들과 인물들을 중심으로 쭉 따라가면서 만들 수 있도록 하였어요. 각각의 역사적 사건과 인물에 맞는 다양한 북아트 기법을 적용했고, 각 활동은 어린 학생들도 쉽게 따라 할 수 있는 난이도의 북아트들로 구성했어요. 시대의 흐름에 따라 한국사 북아트를 만들다 보면 늘어가는 북아트의 수만큼, 어느새 우리 역사에 대한 지식과 애정도 쑥쑥 자라 있을 거예요.

2 종합적 사고와 창의력을 향상시켜요.

역사와 연계한 북아트 활동은 학습 효과를 높일 수 있을 뿐만 아니라 북아트 작품에 들어갈 내용을 생각해 보고 책의 형식에 맞게 배치하는 동안 종합적인 사고력을 기르고 창의력과 상상력이 발달하도록 도와줘요. 세상에 하나뿐인 나만의 한국사 북아트 책을 만드는 것은 아이들에게 더욱 특별한 경험이 될 것이고, 작품 하나를 처음부터 끝까지 스스로 완성하며 자신감과 성취감도 쑥쑥 자라날 거예요.

3 2교시 안에 모든 활동이 끝날 수 있도록 하였어요.

초등학교 수업 시간을 기준으로 2교시에 해당하는 80분 안에 모든 활동이 끝날 수 있도록 구성하였어요. 역사 학습과 만들기 활동을 적절히 안배하여 역사적 사실을 배우는 것에만 치우치지 않고 역사적 사건이나 인물들에 대해서 충분히 생각한 뒤, 북아트 만들기로 재미있게 내용을 정리하며 마무리할 수 있도록 했어요.

4. 안전하고 사용하기 쉬운 재료들을 사용했어요.

아이들이 스스로 만드는 북아트 활동이기에, 되도록 안전사고를 고려하여 칼을 사용하지 않고 가위로만 오려서 쉽게 만들 수 있는 북아트로 구성했어요. 또한, 대부분의 재료는 가까운 문구점에서 손쉽게 구입할 수 있는 것들이에요. 이 책을 보시는 부모님이나 선생님, 또는 아이들이 주변에서 쉽게 재료를 구해서 만들 수 있도록 실질적인 북아트 재료를 사용하고 그 재료의 활용 방법을 소개했어요. 각 북아트마다 준비물을 명시하였지만, 다른 재료들로 자유롭게 대체하여 만들어도 좋아요.

5. 바로 잘라 사용할 수 있는 이미지 자료를 제공해요.

책의 뒷면 부록에 북아트를 만드는 데 꼭 필요한 사진 자료와 일러스트를 선별해 담았어요. 시각 자료들을 보면서 역사를 더 잘 이해할 수 있고, 가위로 싹뚝싹뚝 오려 내기만 하면 손쉽게 북아트를 꾸밀 수 있어요. 이 책에 수록되지 않은 이미지들은 스스로 찾아서 북아트에 활용할 수 있답니다. 이미지 자료를 사용해 북아트를 꾸며 우리 역사를 생생하게 표현해 보세요.

북아트란?

1. 북아트의 정의

'책(book)과 예술(Art)의 만남'

북아트는 책과 미술의 결합이라고 할 수 있으며 책의 내용이나 주제를 다양한 모양의 책으로 만드는 것을 말해요. 특히 정보의 제공을 목표로 하는 문자와 그림의 기록 수단으로 단순히 내용만을 알리는 단계에서 벗어나 감상할 수 있는 책을 만드는 것, 더 나아가 책의 예술적 승화로까지 이어져 세상에서 단 한 권밖에 없는 나만의 책을 만드는 것이 북아트라 할 수 있어요.

2. 북아트의 교육 효과

북아트를 통한 '내가 만든 세상에서 하나뿐인 나만의 책' 만들기 수업은 아이들에게 성취감과 기쁨을 주는 동시에 개성 있는 교육, 통합적 발달을 이루는 교육, 능동적으로 참여하는 교육이 될 수 있어요. 북아트의 종류는 워낙 많아서 간단히 한 장의 종이로 책을 만들기도 하고 쓸 거리나 내용이 많으면 속지를 늘려 활동할 수도 있어요. 아이들이 창의력을 발휘해 무궁무진하게 만들 수 있기 때문에 수업에 임하는 아이들이 모두 자신의 능력을 충분히 발휘할 수 있고 자신만의 작품을 완성했다는 성취감을 가질 수 있어요.

3. 팔방미인 북아트

북아트를 교과 수업에 활용하면 학년별 교과학습과 만들기 활동학습의 통합과정으로 수업 구성이 가능해요. 북아트는 국어, 수학, 사회, 과학, 음악 미술 등 다양한 과목과 연계할 수 있어요. 때문에 학생들이 다양한 분야를 재미있게 접하면서 자연스럽게 관심을 가질 수 있게 해 준답니다. 북아트는 학생들의 지적인 성장을 돕고 한 권의 책을 완성함으로써 자신감을 높일 수 있게 해 줘요.

이미 알고 있는 지식이나 경험을 활용하고 새로운 지식을 조사, 탐구하는 과정뿐 아니라 책의 형태를 완성하기 위해 내용을 편집하고 재구성하는 과정을 통해 창의적인 사고 능력과 다양한 문제 해결 능력이 향상돼요.

기호와 약속

북아트를 만들 때 참고할 수 있는 안내선의 종류를 소개해 드릴게요. 안내선을 모양을 참고해 종이를 접거나 잘라 주시고, 종이를 접을 때는 항상 접힌 부분을 꼭꼭 눌러 주세요.

- **안으로 접기 (--------------------)**

  점선이 안으로 접히도록 접어 주세요.

  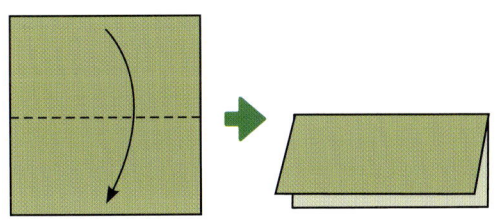

- **바깥으로 접기 (·—·—·—·—·—·)**

  점선이 바깥으로 접히도록 뒤로 넘겨서 접어 주세요.

  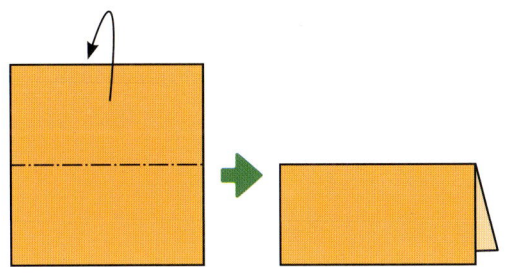

- **접기선 만들기**

  점선대로 접었다 펴 주세요.
  (접기를 한 후 꼭 손다림질을 해 주세요.)

  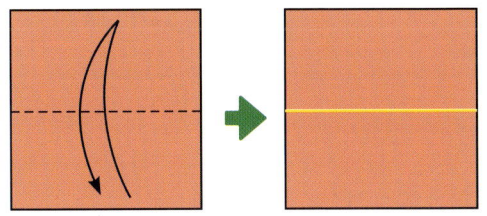

- **자르기**

  실선을 따라 가위로 잘라 주세요.

  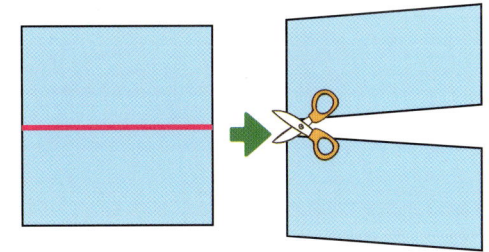

한국사 북아트 재료 소개

1. 색상지

북아트에서 기본적인 속지로 가장 많이 사용하는 종이예요. 제품이 나오는 회사마다 색감이나 질량은 조금씩 다르지만 보통 116g에서 120g 정도를 사용하고 있어요. 우리가 일반적으로 사용하는 복사용지(80g)보다는 두껍고 색상이 다양해서 속지를 예쁘게 꾸미기에 좋아요. 크기(사이즈)는 4절을 가장 많이 사용해요.

2. 머메이드지

머메이드지는 180g 정도로 색상지보다 두꺼워서 표지로 사용하거나 카드로 많이 사용해요. 약간 오돌토돌한 느낌이 나며 양면과 단면 2종류가 있어요. 모두 표지로 사용하기에 두께가 적당하지만, 종이의 질감 때문에 풀칠이 쉽지 않아 조금 더 신경을 써야 해요.

3. 타공지, 구김지, 파인애플지

타공지는 말 그대로 작은 구멍이 촘촘하게 난 종이를 말해요. 구김지도 역시 이름처럼 구김이 있는 종이를 말해요. 파인애플지는 무늬가 다이아몬드 모양으로, 파인애플의 껍질 모양과 닮았다고 해서 붙여진 이름이에요. 보통 머메이드지를 표지로 사용하지만, 이 세 종류의 종이를 사용하면 조금 특이하면서 색다른 느낌의 표지를 만들 수 있어요.

4. A4 컬러용지

일반 복사용지로 사용하는 흰색 종이와는 다르게 다양한 색상이 있어 속지와 표지로 두루 사용되며, 주제에 대한 내용을 써넣거나 그림을 그려 붙이는 데에도 사용해요. 팝업 북아트를 만들기에 적합해요.

5. 색종이, 포장지

색종이나 포장지는 모양을 내어 예쁘게 잘라서 표지나 속지를 꾸미기에 좋아요. 밋밋해지기 쉬운 북아트를 색종이로 꾸며 주면 완전히 다른 북아트로 보일 수 있어요. 사각주머니책이나 삼각주머니책을 만들 때 사용하면 책을 펼쳤을 때 화려하게 보여서 좋아요.

6. 한지

한지(韓紙)는 한국 전통 방식으로 제조한, 닥나무로 만든 종이이며, 닥종이라고 불리기도 해요. 다양한 무늬와 질감의 한지를 한국사 북아트에 사용하면 더 예스러운 느낌이 나서 좋아요.

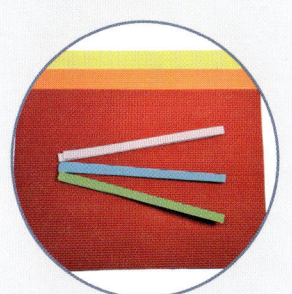

7. 골판지

두껍고 단단하게 널빤지 모양으로 만든 종이를 골판지라고 해요. 길게 자른 띠 골판지를 포함하여 북아트에서 주로 사용하는 골판지는 다양한 색깔이 있는 단면 골판지로, 주로 꾸미기용으로 사용해요.

8. 스티커 및 장식 재료

스티커나 장식 재료는 가까운 문구점에서 쉽게 구입할 수 있는 재료로, 북아트를 더 예쁘고 멋있게 꾸며줄 때 사용해요. 다양한 종류의 장식 재료를 사용함으로써 아이들의 창의력을 높이고 책에 대한 관심을 더 끌 수 있어 필수적인 재료라 할 수 있어요.

9. 기본재료와 색칠도구

만들기의 한 분야이기도 한 북아트는 가위, 풀, 자가 기본으로 필요해요. 여러 모양의 핑킹 가위를 미리 준비해서 아이들이 재미있고 멋진 책을 만들 수 있도록 해 주세요. 학교에서 흔히 사용하는 사인펜, 색연필, 크레파스나 파스텔은 북아트에 그림을 그리거나 글을 적을 때 사용해요. 색칠 도구는 자신의 생각을 표현하는 도구가 될 수 있도록 아이들이 자유롭게 그림을 그리고 많은 글을 쓸 수 있게 유도해 주는 것이 좋아요.

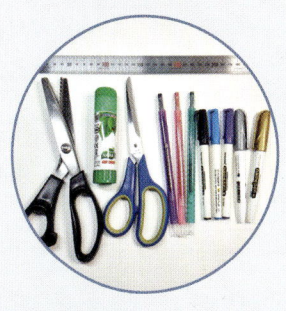

01 고려 멸망과 조선의 건국

02 600년 전 서울, 한양 구경

04 장영실과 조선의 과학

03 세종대왕과 훈민정음

05 조선의 큰 법, 경국대전

06 조선 왕의 하루

07 조선의 수능시험, 과거

1장

고려의 멸망과 조선의 시작

고려 멸망과 조선의 건국

2면 사각주머니책

사각주머니책은 종이접기 기법을 응용한 것으로 단면 색종이를 사용하여 안쪽에 글을 쓸 수 있도록 했어요. 양면 색종이나 무늬 색종이를 사용하면 더 화려하게 만들 수 있어요. 각 인물에 대한 위인전이나 책을 따로 읽은 후 사각주머니의 안쪽에 정리하면 더 깊이 있는 활동이 될 거예요.

만들면서 익히는 역사 이야기

태조 이성계는 고려의 장수였으나 우왕과 최영의 명령을 거부하고 위화도 회군을 통해 고려를 장악했어요. 이후 고려를 멸망시키고 스스로 왕위에 오른 후 나라의 이름을 '조선'이라고 하였어요. 수도를 한양으로 옮기고 신하들에게 궁궐을 지을 자리를 살피게 하여 지금의 경복궁을 만들었지요. 조선 건국 초기의 왕들은 조선의 기틀을 마련하는 데 힘썼는데, 이러한 과정을 통해 조선은 점차 고려와 다른 모습을 갖게 되었답니다.

8절 머메이드지 1장, 색종이 5장, 소제목용 색상지 14x4cm 2장, 속지 꾸밈용 색상지 13.x19.5cm 1장, 견출지, 표지 꾸밈용 한지 약간, 제목용 색상지 약간

Step 1. 책 만들기

1. 단면 색종이 5장을 준비해요.

2. 준비된 색종이 중 한 장을 골라 색깔이 밖으로 보이도록 위로 반 접어 네모를 만들어요.

3. 색종이를 펼치고 다시 옆으로 한 번 접었다 펴요.

4. 색깔이 안쪽으로 들어가게 대각선으로 접어 세모 모양을 만들어요.

5. 다시 펼쳐요.

6. 정가운데를 손으로 꼭 눌러요.

7 │ 접힌 선을 따라 가운데로 모아요.

8 │ 사각주머니 모양이 완성되었어요.

9 │ 5장의 색종이 중 4장을 사각주머니 모양으로 접어요.

10 │ 8절 머메이드지를 가로로 반 접어요.

11 │ 8절 머메이드지의 오른쪽 가운데에 앞에서 접어 놓은 사각주머니 4개를 붙여요.

12 │ 사각주머니를 붙일 때 열리는 부분을 모두 가운데 방향으로 하여 바깥 방향으로 열리도록 붙여요.

13 사각주머니를 펼치고, 그 안쪽에 남아 있는 색종이 1장을 사진과 같이 붙여요.

14 소제목용 색상지 2장을 준비하여 원하는 모양으로 만들어요.

15 11의 위아래에 붙여요.

Step 2. 책 꾸미기

1 주제와 관련 있는 제목을 쓰고 견출지에 관련 있는 인물들의 이름을 써서요.

2 사각주머니를 펼쳐 공부한 내용을 정리해요.

3 | 북아트 주제인 고려의 멸망과 조선 건국의 내용을 정리해서 속지 꾸밈용 색상지에 붙인 뒤 8절 머메이드지의 왼쪽에 붙여요. 부록 225p

4 | 사각주머니가 펼쳐진 모양이에요.

5 | 표지를 꾸미기 위한 재료들과 사진 자료를 준비해요. 부록 225p

6 | 표지를 예쁘게 꾸미면 완성이에요.

완성

02

600년 전 서울, 한양 구경

동서남북 딱지책

딱지책은 많은 재료를 사용하지 않고도 충분히 내용을 정리할 수 있는 장점이 있어요. 표지에 사용되는 종이로는 타공지가 아닌 다른 종이를 사용해도 좋아요. 600년 전의 서울인 한양에 대하여 공부한 내용을 정리해 보는 책이에요. 빈 공간을 활용하거나 잘라 낸 속지를 이용하면 훨씬 더 많은 내용을 정리할 수 있어요.

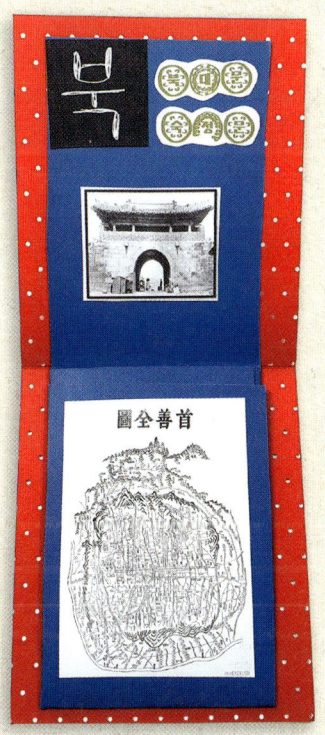

만들면서 익히는 역사 이야기

한양의 주요 건물의 이름은 유교 사상을 반영하여 지었어요. 한양을 둘러싼 성곽의 사대문은 사람이 지켜야 할 유교 덕목인 '인의예지'를 따라 지었어요. 숙정문을 제외하고, 동쪽의 흥인지문에는 '인(仁)', 서쪽의 돈의문에는 '의(義)', 남쪽의 숭례문에는 '예(禮)'가 들어 있어요. 북악산 아래에 경복궁을 짓고 동쪽에는 종묘를, 서쪽에는 사직단을 두었는데 이것은 민생을 걱정하고 조상을 모신다는 성리학 이념을 반영한 것이에요.

8절 색상지 1장, 소제목용 색지(4x4cm) 4장, 표지용 타공지(12x28cm) 1장, 제목용 색지 조금, 띠 골판지 1개

Step 1. 책 만들기

1 | 8절 색지를 준비해요.

2 | 가로세로 3등분으로 접어요.

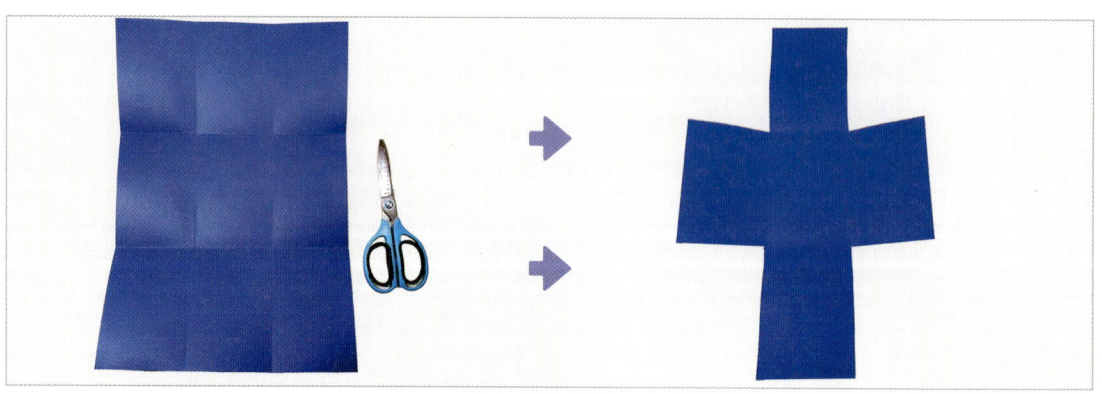

3 | 접어 놓은 8절 색지의 귀퉁이 4개를 가위로 오려 내요.

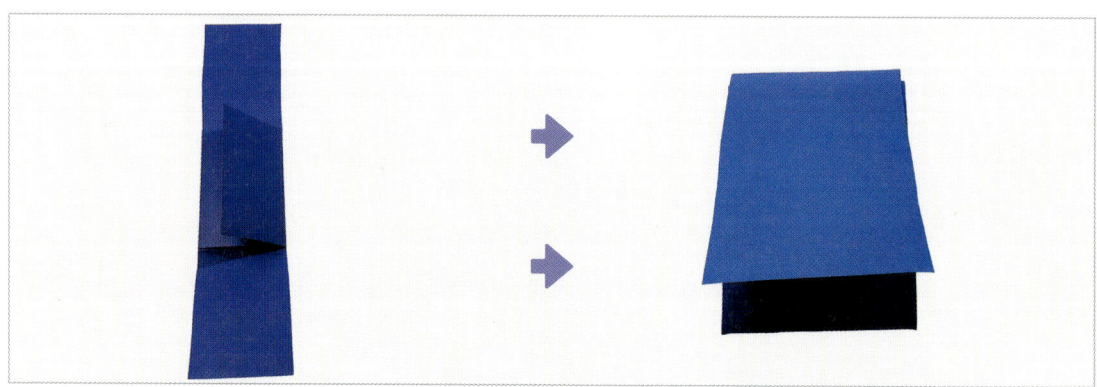

4 | 왼쪽-오른쪽 순서대로 먼저 접고 아래와 위를 차례로 접어요.

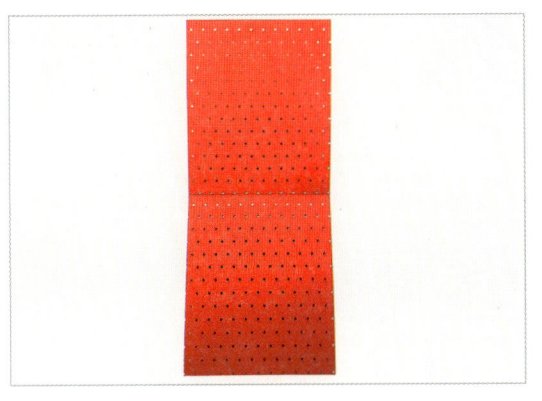

5 | 표지가 되는 타공지를 세로로 반 접었다 펴요.

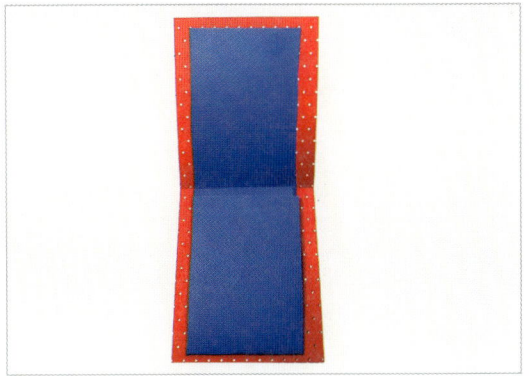

6 | 앞에서 완전히 접은 색지를 표지의 아래에 먼저 붙이고 제일 위 장만 펼쳐 표지에 붙여요.

7 | 표지에 속지를 붙인 후 펼친 모습이에요.

8 | 소제목을 쓸 색지 4장을 준비해요.

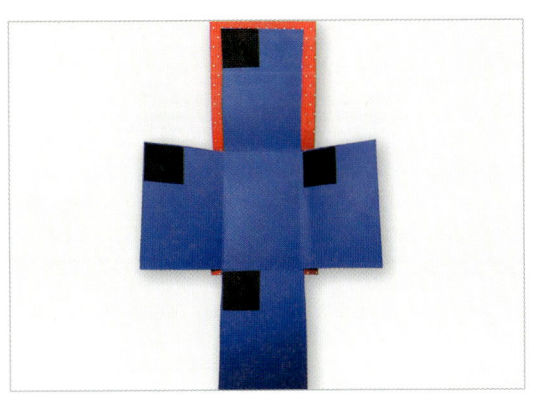

9 | 소제목용 색지를 동서남북에 붙여요.

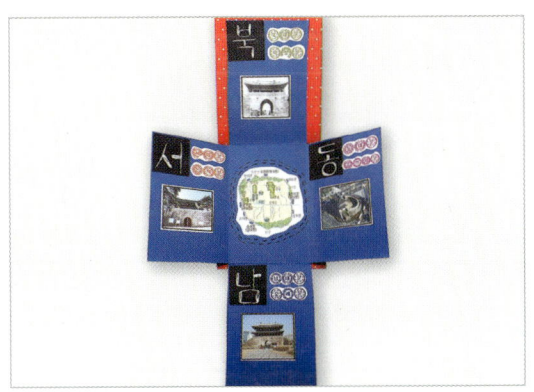

10 | 주제와 관련된 사진 자료들을 붙이고, 여러 가지 펜으로 주제에 어울리는 내용을 써요.

부록 227p

11 왼쪽-오른쪽 순서대로 속지를 먼저 접고 아래 속지를 접은 뒤 관련 사진 자료를 붙여요.
부록 227p

12 제목용 색지를 붙인 뒤 자유롭게 제목을 쓰고, 띠 골판지를 사용하여 표지 꾸미기를 하면 완성이에요.

좀 더 공부해 보기

딱지 모양 책으로도 충분히 활용이 가능하지만 잘라 낸 네 귀퉁이 속지를 이용하면 더 많은 내용을 깊이 있게 공부할 수 있어요.

  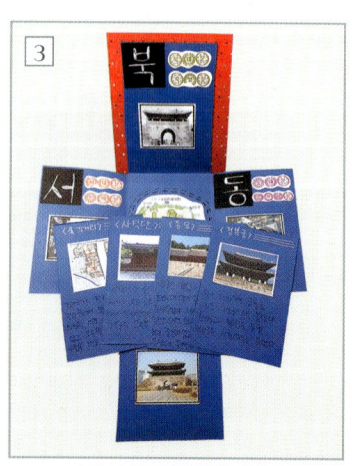

1. 잘라 낸 네 귀퉁이 조각에 공부한 내용을 더 적을 수 있어요.

2. 600년 전 서울에 대한 더 많은 자료 사진과 내용을 정리해요.

3. 내용을 정리한 색지를 딱지책의 안쪽에 정리하여 넣고 다시 접으면 완성이에요.

03

세종대왕과 훈민정음

간단한 깃발북

깃발북은 종이를 부채접기로 접어 책등처럼 지지대 역할을 하도록 하고, 색지들을 그 위에 붙여 펄럭이는 깃발처럼 보이도록 한 책이에요. 본 책에서는 세종대왕의 위인전 등을 읽은 후 정리하는 책으로 활용했어요. 소제목들은 독후 활동에 어울리도록 바꿔도 좋아요. 표지와 꾸미기에 사용할 한지는 어떤 것이든 좋지만 훈민정음 한지를 사용하면 잘 어울려요. 과정 중 인쇄해 붙인 부분은 직접 손으로 써도 좋아요.

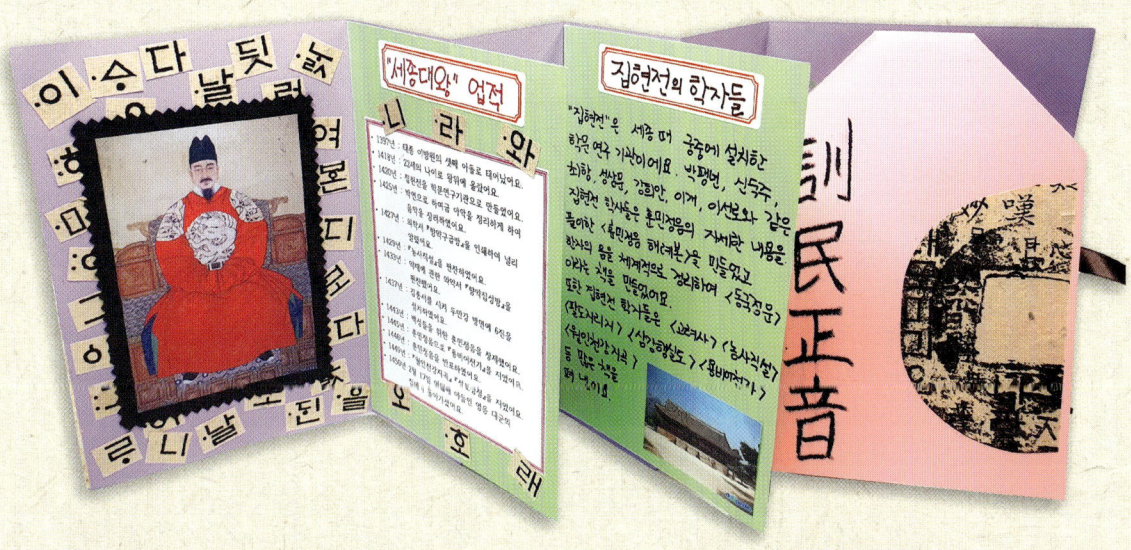

만들면서 익히는 역사 이야기

세종은 태종 때 이루어진 안정된 왕권을 바탕으로 유교의 이상에 맞는 정치를 실현하고자 하였어요. 집현전을 설치하여 학문 연구에 힘을 쓰도록 하였으며, 글을 알지 못하는 백성들을 위하여 훈민정음을 창제하였어요. 훈민정음은 독창적이고 과학적인 문자로 누구나 쉽게 배울 수 있어 일반 백성도 자신의 생각을 글로 표현할 수 있게 되었답니다.

4절 색상지 1/2 1장, 속지용 색상지(13x18.5cm) 2장, 8절 색상지 1/2 1장,
꾸미기용 한지(13.5x38cm) 3장, 여밈용 리본(52cm 이상) 1줄, 꾸미기 색지 약간

Step 1. 책 만들기

1 │ 4절 색상지를 길게 반으로 잘라 준비해요.

2 │ 반으로 접었다 펼쳐요.

3 │ 안으로 대문접기를 해요.

4 │ 대문접기를 펼친 후 가운데 부분을 4칸이 되도록 접어요.

5 │ 부채접기 한 모양이 되면 완성이에요.

6 │ 속지가 될 색지 2장을 준비해요.

7 부채접기를 한 색지 위에 속지를 사진과 같이 붙여요(도면 참조).

8 길게 반절한 8절 색상지를 반으로 접어요.

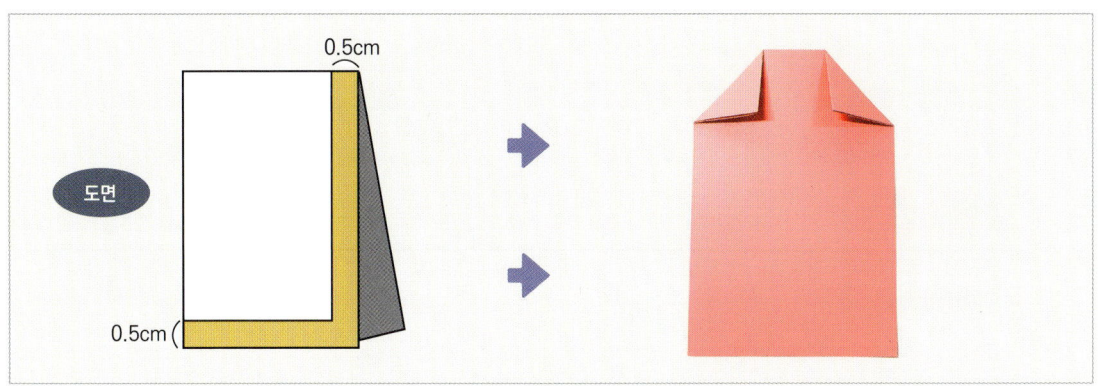

9 반으로 접은 상태에서 옆과 아래쪽을 0.5cm 자른 후(도면 참조) 접힌 부분의 양쪽 끝을 세모 모양으로 접어요.

10 다시 다 편 다음 접었던 선을 안쪽으로 밀어 넣어 팝업을 만들어요.

11 책의 맨 뒤페이지(보라색 색지 오른쪽 부분)에 아래에서 위로 열리도록 붙여요.

12 모든 속지를 붙인 모습이에요.

Step 2. 책 꾸미기

1 꾸미기용 한지를 이용하여 첫째 장을 꾸민 후 세종대왕의 자료 사진과 업적을 정리해요.

부록 229p

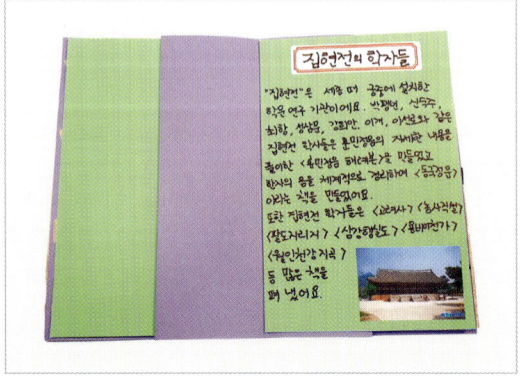

2 둘째 장에는 집현전 학자들에 대한 내용을 적어요.

3 마지막은 훈민정음이에요. 붓펜을 사용해서 소제목을 쓰고 한지로 꾸며요.

4 훈민정음 관련 사진 자료를 안쪽 팝업 부분에 붙여요.

5 아래 페이지에는 훈민정음에 대한 이야기를 쓰고 위 페이지에도 관련 내용을 정리해요.

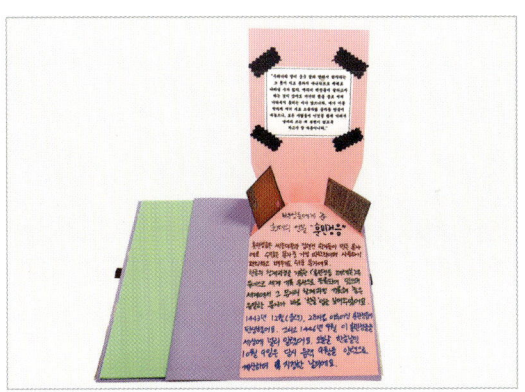

6 마지막 페이지가 펼쳐진 모습이에요.

7 '세종대왕과 훈민정음' 책의 속지에 내용을 모두 정리했어요.

8 여밈용 리본을 책의 뒷면 가운데에 가로로 길게 붙여요. 리본은 일반 풀로도 잘 붙어요.

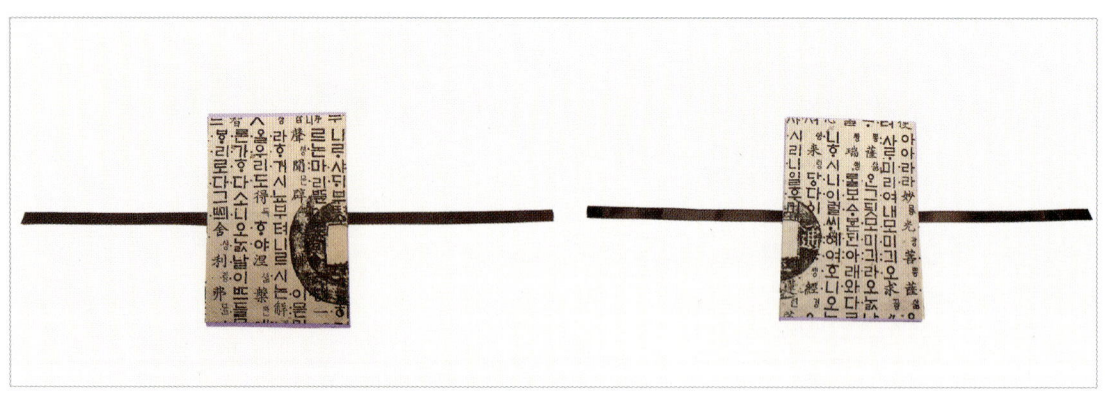

9 리본 위에 표지가 될 한지를 덮어서 붙인 뒤, 뒤집어서 앞면에도 한지를 붙여요.

10 리본을 예쁘게 묶어서 여미고 제목을 붙이면 완성이에요. 부록 229p

장영실과 조선의 과학

4면 입체 무대책

4면 입체 무대책은 아이들이 알고 있는 미니북 접기의 응용으로, 기본 접기와 오리기는 미니북 접기와 같아요. 무대책의 안쪽 지지대의 개수는 주제에 따라 다를 수 있어요. 색종이는 전통 무늬 색종이가 아닌 집에 있는 색종이를 활용해도 돼요.

만들면서 익히는 역사 이야기

조선 세종 때의 과학자인 장영실은 자동으로 시간을 알려 주는 물시계 '자격루'를 만든 인물이에요. 장영실은 당시에 천대를 받던 노비의 신분이었지만 재주가 뛰어나 세종에게 부름을 받고 벼슬을 하였어요. 또한 그는 끊임없는 연구를 거듭해 놀라운 발명품들을 만들어 냈고, 이는 조선의 과학을 발전시키는 데 커다란 역할을 했답니다. 하지만 장영실이 감독하여 만든 세종의 가마가 부서져서 관직에서 파면되었고, 그 뒤에는 행적에 대한 기록이 없어요.

4절 색상지 1장, 지지대용 색지(17.5x3cm) 3장, 속지용 색상지(6x13.5cm) 3장, 전통 무늬 색종이 2장, 인물 꾸미기용 색지 1장, 한지와 별 스티커 약간

Step 1. 책 만들기

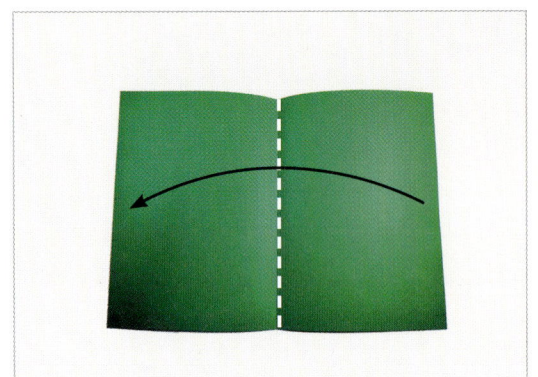

1 4절 색상지를 반 접어 주세요.

2 한 번 더 반으로 접었다 펴요.

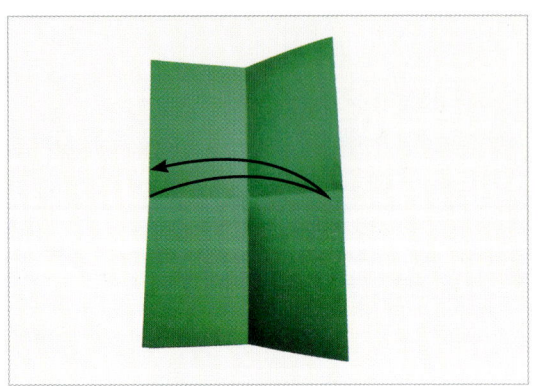

3 세로로 길게 접었다 펴요.

4 종이의 닫힌 부분을 접힌 선을 따라 가운데까지 잘라요.

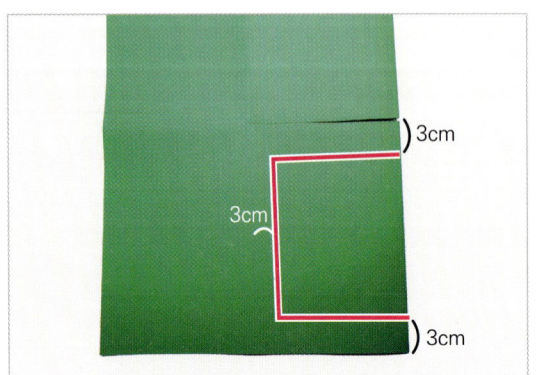

5 가위집을 낸 아래쪽 페이지 삼면에 각 3cm 간격을 두고 선을 그려요.

6 가위로 선을 따라 잘라요.

7 창이 난 부분을 위로 하여 다시 가로로 긴 모양이 되도록 접어요.

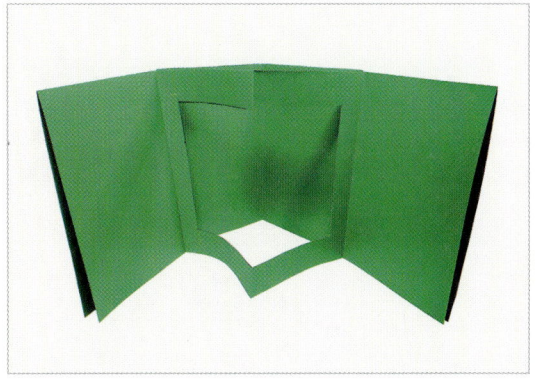

8 대문접기를 했다가 다시 펼친 후 양쪽을 잡고 입체적 모양이 되도록 가운데로 모아요.

9 가운데에 다이아몬드 모양이 생기도록 해서 접어 주세요.

10 지지대용 색지 3장을 준비해요.

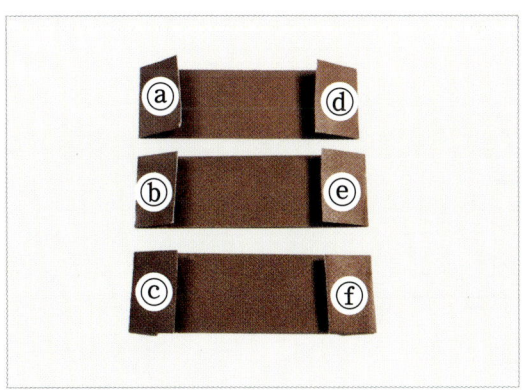

11 양 끝을 2cm씩 접어요. 이때 접힌 부분이 풀칠면이 될 거예요.

12 앞에서 만든 책을 열고 아래쪽에 지지대용 색지를 두어요.

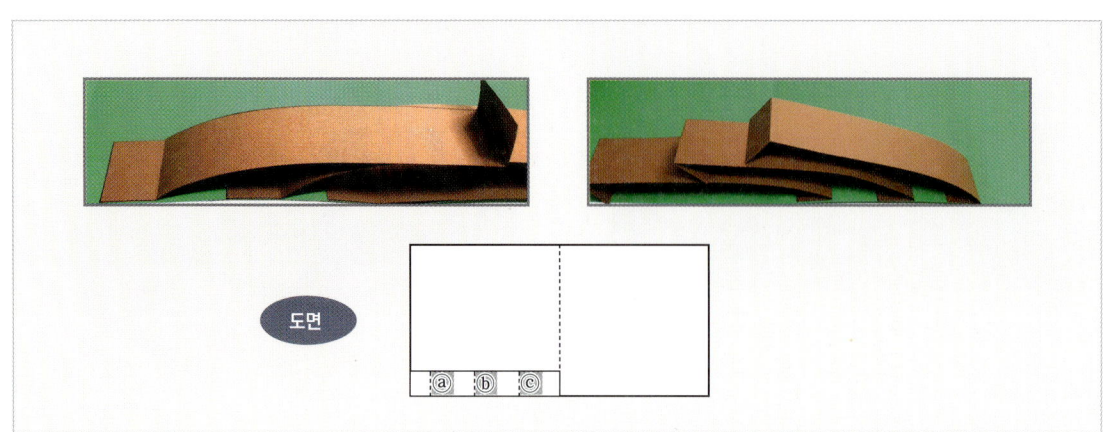

13 | 왼쪽 풀칠면에 풀칠한 후 지지대의 ⓐ, ⓑ, ⓒ 면이 4절 색지의 ⓐ, ⓑ, ⓒ 면에 맞닿도록 1.5cm 정도의 간격을 두고 붙여 주세요(도면 참조).

14 | 색상지를 모두 오른쪽으로 넘긴 뒤 접어져 있는 오른쪽 ⓓ, ⓔ, ⓕ 풀칠면에 풀칠해요.

15 | 풀칠면이 완전히 접힌 상태에서 책의 윗면을 덮어요.

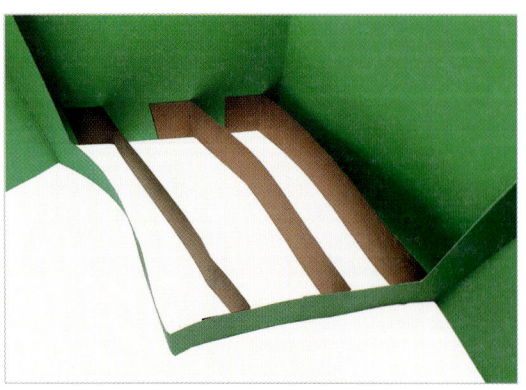

16 | 풀칠면을 꼭꼭 누르고 다시 펼쳐요.

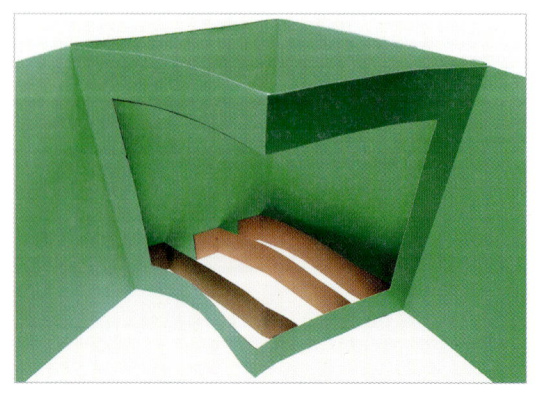

17 | 가운데 무대 모양 안쪽에 지지대가 붙어 있는 모습이에요.

Step 2. 책 꾸미기

1 지지대 부분에 제목을 붙여요(직접 쓸 때는 제목을 먼저 쓴 다음 지지대를 붙여야 해요).

2 속지용 색지 3장을 준비해요.

3 장영실이 만든 과학 발명품 사진을 붙이고 설명을 써요. 지지대에 붙일 부분인 아래쪽은 3cm 여분을 두고 써 주세요. 부록 231p

4 제목을 적은 지지대의 뒷면에 속지를 붙여요.

5 가로로 펴요.

6 무늬 한지와 별 스티커를 사용하여 꾸미고 소제목도 써 주세요.

7 | 과학 발명품을 붙인 페이지의 왼쪽에 장영실에 대한 이야기를 써요.

8 | 오른쪽에는 장영실 외 세종대왕 시대의 과학자들에 대한 이야기를 정리해요.

9 | 전통 무늬 색종이 2장을 준비해요.

10 | 전통 무늬 색종이를 이용하여 앞표지와 뒤표지를 꾸며요.

11 | 제목을 쓰고 표지를 다양하게 꾸며요.

완성

조선의 큰 법, 경국대전

세로형 4면 책등 팝업책

4면을 활용할 수 있는 책등 팝업 책이지만 필요에 따라서는 6면까지 활용할 수 있어요. 4면으로 활용할 때는 접은 부분을 풀로 붙여 사용하면 된답니다. 틀린 부분 다시 쓰기는 주관식 문제나 O, X 문제로 바꿔도 좋아요. 책등 팝업 만들기 부분은 책에서 소개한 순서대로 따라해 주세요.

 만들면서 익히는 **역사 이야기**

경국대전은 조선시대에 나라를 다스리는 기준이 된 최고의 법전으로, 세조 때 집필을 시작하여 성종 16년(1485년)에 최종본을 완성하여 반포했어요. 여러 법을 바탕으로 만들어진 《경국대전》은 조선 건국 초기의 법전들을 모두 모아 만든 법전으로, 조선을 유교적 법치 국가로 만든 기본 법전이에요.

준비물
8절 색상지 1장, 속지용 색상지(12x8cm) 4장, 표지용 한지 포장지(13.5x19cm) 2장,
여밈용 색지(6.5x7.5cm) 2장, 벨크로 2쌍

Step 1. 책 만들기

1 | 8절 색상지를 가로와 세로로 한 번씩 접은 후 펼쳐, 사진과 같이 한 칸만 잘라요.

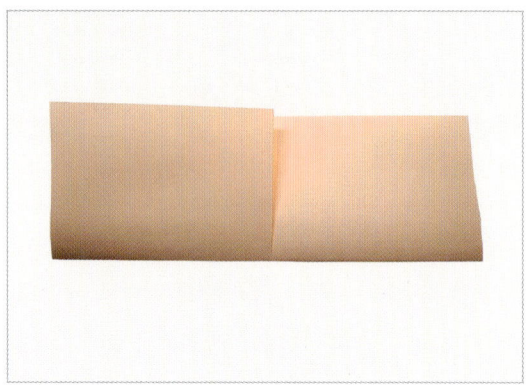

2 | 자른 부분을 위로 올려 접어요.

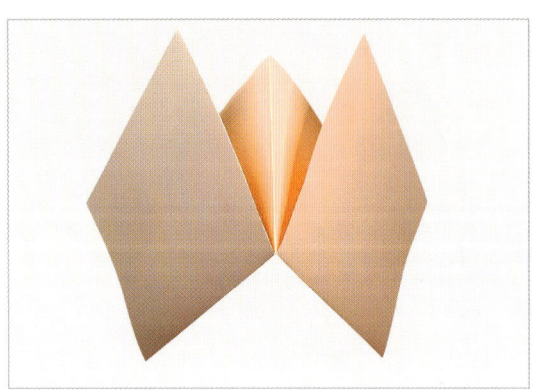

3 | 자른 면이 바깥으로 가도록 가로로 반 접어요.

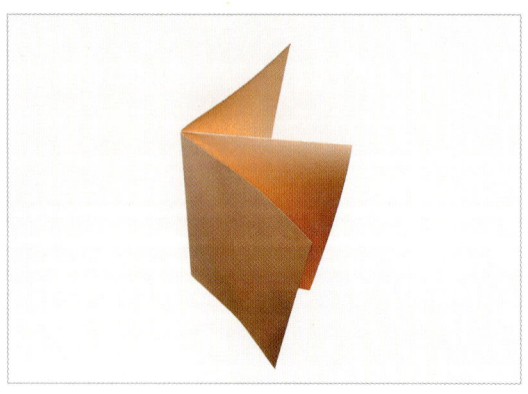

4 | 4면 책의 모양이 완성되었어요.

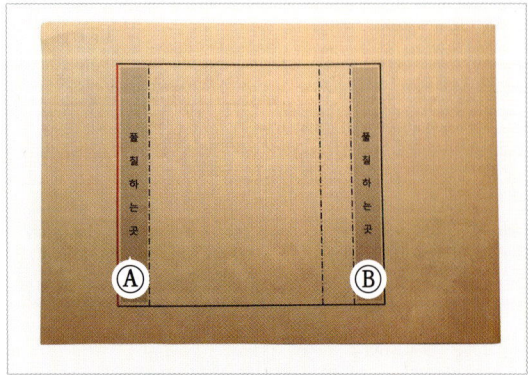

5 | 책등 팝업 도안지를 준비해요. **부록 233p**

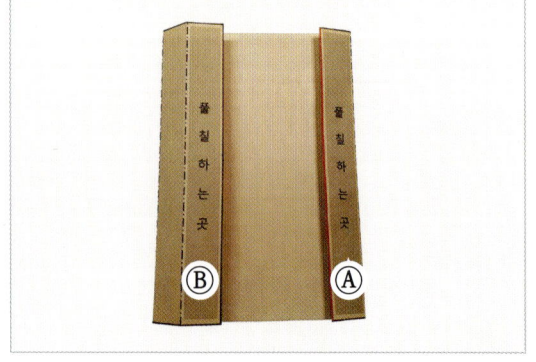

6 | 도안을 따라 오린 뒤 접는 선의 표시대로 사진처럼 접어요.

7 | 도안의 풀칠하는 곳 Ⓐ에 풀칠한 다음, 뒤집어서 사진과 같이 만들어 둔 책의 중앙선에 맞춰 붙여요.

8 | 풀칠면과 책등면이 모두 보이도록 한 상태에서 풀칠하는 곳 Ⓑ에 풀칠해요.

9 | 표지를 덮어 풀칠면이 잘 붙도록 한 후 펼치면 왼쪽 페이지에 팝업 모양이 나오게 돼요.

10 | 책등 팝업이 완성된 모양이에요.

11 | 속지가 되는 색지 4장을 준비해요.

12 | 위아래를 맞춰 반으로 접어요.

13 | 4면 책의 둘째 장 오른쪽 페이지에 붙여요.

Step 2. 책 꾸미기

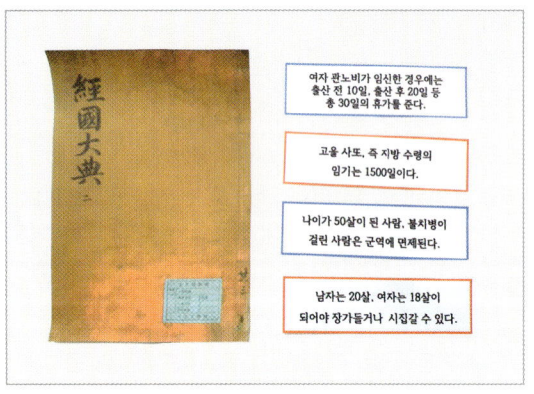

1 | 첫째 장의 책등 팝업에 붙일 사진과 접은 속지에 붙일 자료를 준비해요. (부록 235p)

2 | 왼쪽에는 경국대전 사진을, 오른쪽에는 경국대전을 조사한 내용을 적어요.

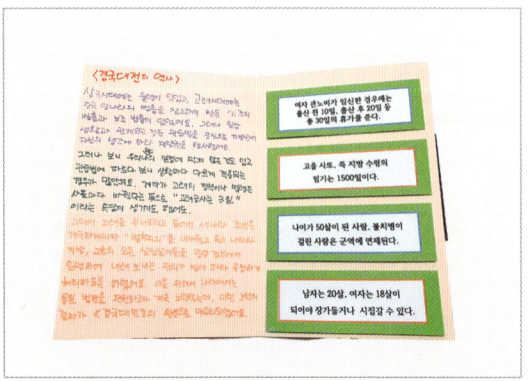

3 | 둘째 장의 오른쪽에는 경국대전 내용을 틀리게 적어서 붙여요.

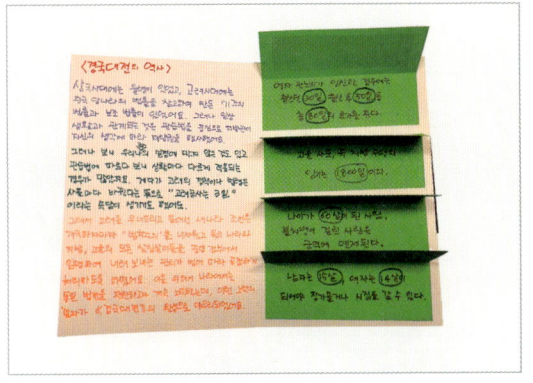

4 그 안쪽에는 올바른 답을 쓰는 활동을 한 후 왼쪽에도 주제와 관련 있는 내용을 써요.

5 양면 한지 포장지 2장을 준비해요. 반으로 잘라 반씩 표지 앞뒤에 붙여요.

6 여밈용 색지 2장을 준비해서 네 귀퉁이를 둥글게 오린 후 반으로 접어요.

7 각각 한쪽에는 벨크로를 한 쌍 붙이고 벨크로를 붙이지 않은 반쪽에 풀칠해요.

8 풀칠면은 뒤표지에 붙이고 벨크로를 붙인 면을 앞표지에 붙여요. 양옆에 하나씩 붙여요.

9 | 가운데 제목을 붙이면 완성이에요.

좀 더 공부해 보기

책 만들기에서 세로로 접혀 들어간 부분을 활용하는 방법이에요. 주제와 관련된 내용이 많을 때에는 이 부분을 활용하면 효과적이랍니다. 보이는 4면만 활용할 때는 접은 부분을 풀칠해 붙여도 돼요.

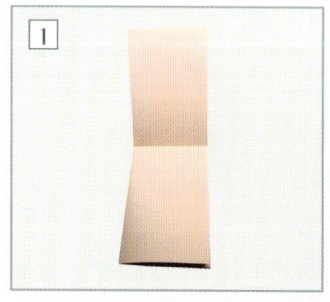
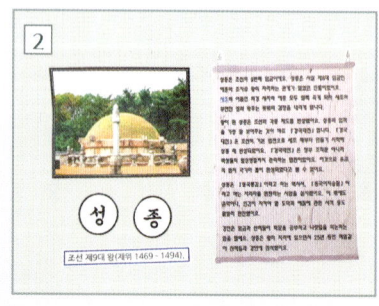
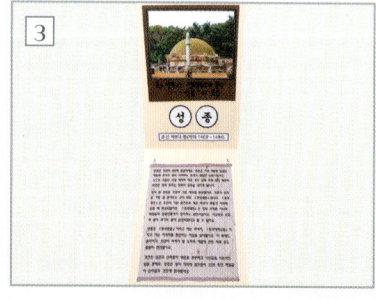

1. 경국대전과 연관된 인물인 성종에 대해서 좀 더 공부해 보기 위해 안쪽 면을 활용해요.

2. 성종에 대해 조사한 내용을 준비해요.

3. 위와 아래에 조사한 내용을 쓰고 사진도 붙여요. 안쪽 면까지 활용하면 6면 책이 돼요.

조선 왕의 하루

빙글빙글 돌아가는 휠북

휠북은 말 그대로 바퀴처럼 둥글게 만드는 책의 형태를 말해요. 휠북은 원형의 단조로운 기법과 내용의 한계성이 있는 책이기 때문에 휠북만으로는 활용하는 예가 적고 다른 북아트와 함께 이용하는 것이 훨씬 좋아요. 고학년의 경우 컴퍼스를 사용하여 각자 그려 보도록 하는 것도 좋은 공부가 될 거예요. 휠북을 고정시키는 도구로는 할핀을 많이 사용하며, 할핀은 여러 가지 길이가 있지만 너무 짧지만 않으면 다 좋아요. 할핀의 날카로운 부분에 베이지 않도록 조심해요. 송곳을 사용할 때는 안전을 생각하여 주변의 어른들이 도와주세요.

만들면서 익히는 역사 이야기

조선시대 왕들은 보통 새벽 5시 정도에 일어났어요. 대비나 조대비에게 아침 문안 인사를 드린 후 아침 강의인 조강을 들은 후 수라(식사)를 들었다고 해요. 그 뒤엔 정사를 보고 점심을 먹은 뒤 상소나 업무 처리를 했어요. 저녁에도 강의를 듣고 밀린 상소를 읽고 처리하는 일을 했다고 하지요. 그래서 보통은 새벽녘에 잠을 청했어요. 일찍 일어나고 늦게 잠을 잤으니 무척 피곤했겠죠?

준비물

8절 타공지 1장, 원을 그릴 색상지 3장, 할핀 3개, 표지 꾸미기용 색지 약간, 스티커, 송곳, 색연필

Step 1. 책 만들기

1. 8절 타공지 1장을 반으로 접어요.

2. 이때 열리는 방향이 아래로 가도록 놓아요.

3. 색상지를 오려 지름이 16.5㎝인 원을 1개 만들어요.

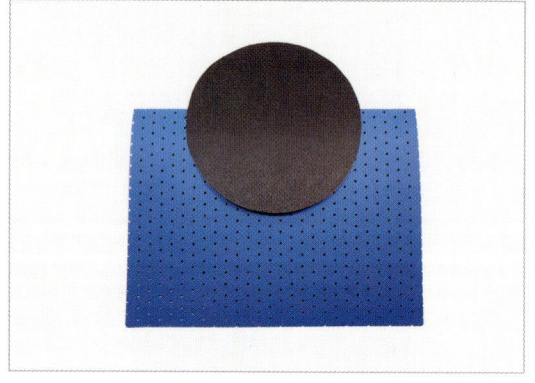

4. 접은 타공지의 위쪽에 원을 올려 잘라 낼 너비를 정해요.

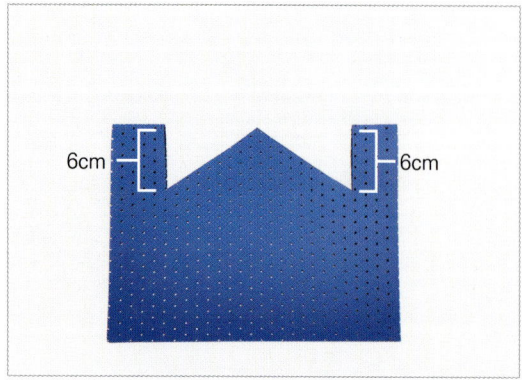

5. 너비는 원의 지름보다 약간 크게, 깊이는 6㎝로 하여 사진과 같이 W 모양으로 잘라요.

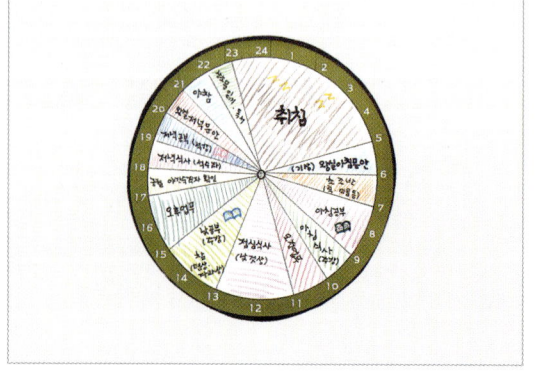

6. 왕의 하루를 오려 3번의 원 위에 붙이고, 가운데에 송곳으로 구멍을 뚫어요. 부록 237p

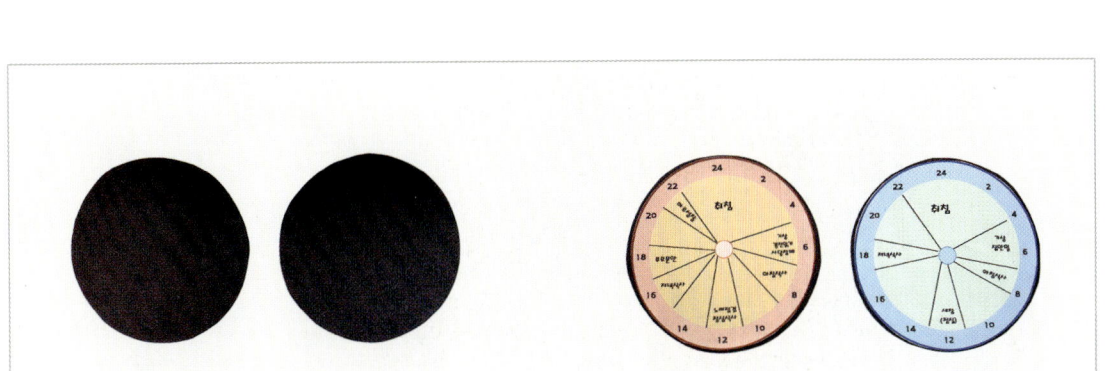

7 색상지로 지름이 10.5cm인 작은 원 2개를 만들어 오려요. 작은 원에 양반과 상민의 하루 일과도 오려서 붙여요. 부록 239p

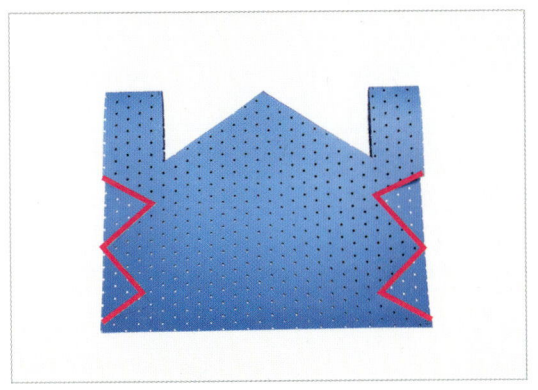

8 책의 양옆을 7번의 원보다 조금 크게 하여 W 모양으로 오려 내요. 이때 겹쳐진 타공지의 앞 장만 잘라요.

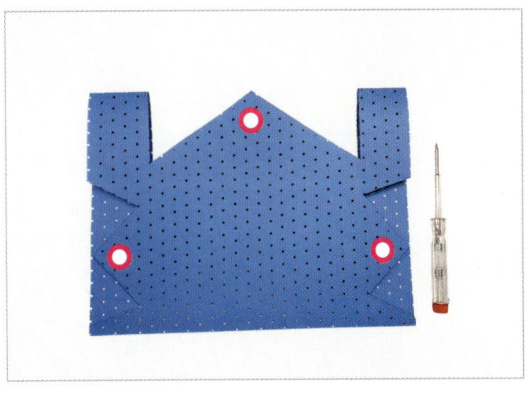

9 송곳을 사용해 앞 장의 각 위치에 구멍을 내요.

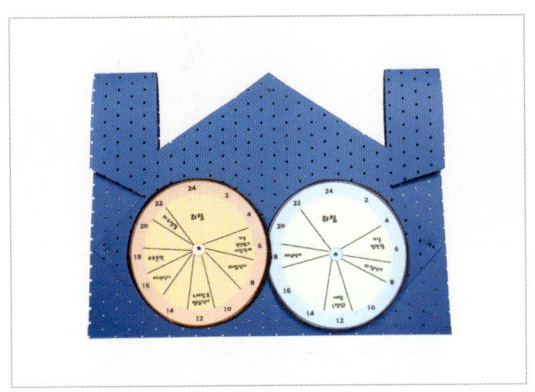

10 작은 원들의 가운데에도 구멍을 뚫어요.

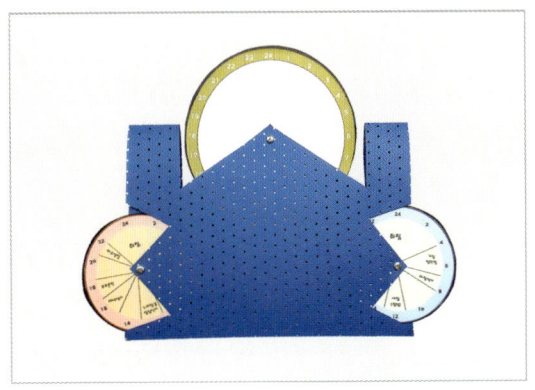

11 3개의 원을 사진과 같이 본 책의 사이에 끼워요.

06. 조선 왕의 하루　49

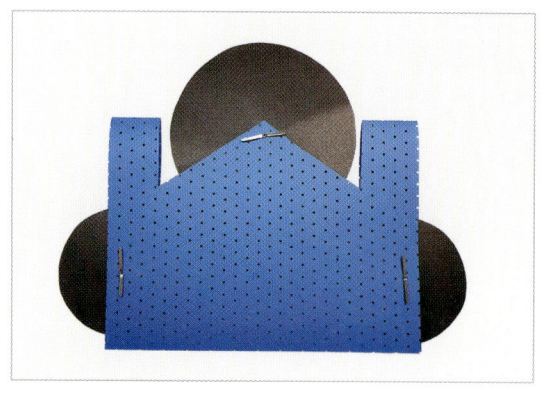

13. 구멍을 맞추어 할핀을 끼우고 뒤에서 벌려 고정해요. 할핀의 날카로운 부분에 베이지 않도록 조심해요.

14. 세 개의 원에 어울리는 제목을 써서 앞면에 붙이고 스티커를 이용하여 꾸미면 완성이에요.

조선의 수능시험, 과거

전통 하우스북

하우스북은 만들기가 쉬워서 간단히 수업에 활용하기 좋아요. 이 책에서는 다양한 모양의 속지를 붙여서 좀 더 많은 내용을 쓸 수 있도록 했어요. 가운데 속지의 가로 길이를 0.5cm 정도 작게 만들면 붙일 때 편해요.

만들면서 익히는 역사 이야기

조선에서는 관리가 되려면 반드시 과거 시험을 거쳐야 했어요. 과거 시험은 천민을 제외하고 누구나 볼 수 있었지만, 실제로는 주로 양반들이 관직에 진출하는 통로가 되었지요. 과거 시험은 크게 문관을 뽑는 문과, 무관을 뽑는 무과, 기술관을 뽑는 잡과로 나뉘어 있었는데, 고급 관료가 되어 출세하기 위해서는 문과를 보아야 했어요. 과거 시험의 시기는 3년마다 보는 정기 시험인 식년시가 원칙이었으나, 큰 경사가 있을 때 시행하는 증광시, 국왕이 성균관에 가서 직접 시행하는 알성문과도 있었어요.

8절 색상지 1장, 8절 색상지 1/2 1장, 속지용 색지(12×9.5㎝) 2장, 무늬 색종이 1/2 1장, 지름 10㎝ 원 모양 색지 1장, 벨크로 1쌍, 꾸밈용 종이 약간, 전통문양 종이 1장

Step 1. 책 만들기

1 | 8절 색상지를 반으로 접고, 반 접은 채로 대문 접기를 해요.

2 | 양쪽 귀퉁이를 세모 모양으로 접었다 펴요.

3 | 양옆을 벌려요.

4 | 앞에서 접었던 세모 부분을 누르면 집 모양이 만들어져요.

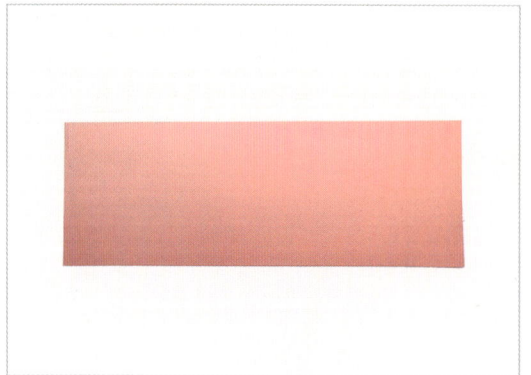

5 | 8절 색상지를 반으로 잘라 준비해요.

6 | 반으로 자른 색상지를 세로로 놓고 반으로 접어요.

7 | 접은 상태에서 위쪽 귀퉁이를 서로 맞닿도록 접어요.

8 | 접은 부분을 다시 다 펼쳐요.

9 | 접은 선에 맞춰 안으로 밀어 넣어요.

10 | 앞에서 만든 책의 가운데에 속지가 아래에서 위로 열리도록 붙여요.

11 | 속지가 될 색지 2장을 반으로 접어요.

12 | 양쪽에 바깥 방향으로 열리도록 붙여요.

Step 2. 책 꾸미기

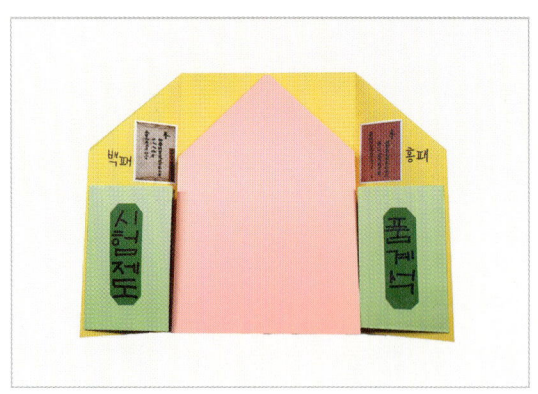

1 조선의 과거 제도와 관련된 자료 사진을 붙이고 양쪽 속지에 들어갈 제목을 적어요.

2 속지 안쪽에 제목과 어울리는 내용을 써요.

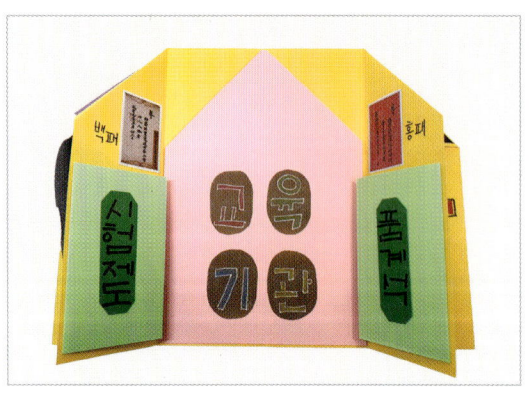

3 가운데 속지에도 교육 기관이라는 제목을 붙여요.

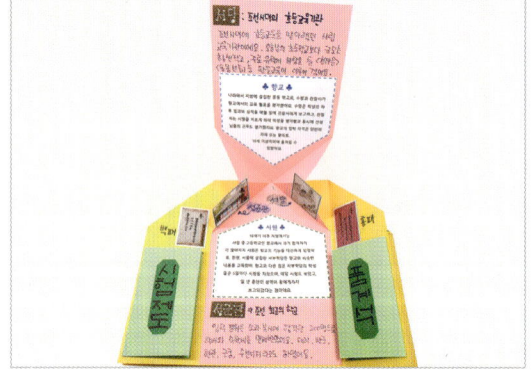

4 안쪽에는 서당과 성균관 등 교육 기관에 대해 공부한 내용을 정리해요.

5 색종이 한 장을 대각선으로 4등분해 만들어진 삼각형 4개 중 2개를 준비해요.

6 지름이 10㎝인 원을 하나 오리고 그 위에 붙일 전통문양도 색칠하여 준비해요.

7 | 색칠한 전통문양을 원 위에 붙여요. 검은색 원의 뒷부분에 벨크로를 붙이고 왼쪽 반에는 풀칠을 해 주세요.

8 | 원의 왼쪽 풀칠한 면을 사진과 같이 붙이고 반대편 종이에는 벨크로를 붙여요. 만든 삼각형은 하우스북의 지붕에 붙여요.

9 | 지붕과 여밈이 완성되었어요. 주제에 어울리도록 꾸밈 종이를 이용해 제목을 붙여요.

01 7년 전쟁 임진왜란

02 이순신과 거북선

03 진주대첩과 행주대첩

04 홍의장군 곽재우

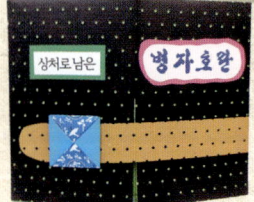
05 상처로 남은 병자호란

06 독도를 지킨 안용복

07 선비를 닮은 소박한 백자

2장 우리 땅을 지키기 위한 노력

7년 전쟁 임진왜란

3단 네모 팝업 물결책

다소 단조로울 수 있는 물결 책에 팝업 기법을 더해서 색다른 북아트로 만들었어요. 물결 책은 적은 재료들을 이용하여 많은 내용을 정리하기 좋아요. 이 책에서는 색상지를 비스듬히 자르고 그 윗변을 물결 모양으로 잘라냈지만 모양을 내지 않거나 다른 모양으로 만들어 재미를 주는 것도 가능해요.

만들면서 익히는 역사 이야기

임진왜란은 1592년부터 1598년까지 2차에 걸쳐 조선과 일본 사이에서 일어난 전쟁이에요. 1차 침입은 임진년에 일어났으므로 '임진왜란'이라 부르며, 2차 침입은 정유년에 있었으므로 '정유재란'이라고 해요. 이 전쟁은 당시 전쟁의 주 무대였던 조선분만 아니라 지원군을 파병한 명나라나 패전 이후 내전에 들어간 일본에도 큰 영향을 끼쳐 16~17세기 동아시아의 역사를 뒤흔든 국제전이라 할 만해요. 전쟁에 대비하지 못한 조선은 초기에는 많은 어려움이 있었지만 이순신, 권율, 김시민 등을 필두로 수많은 분들이 목숨을 바쳐 나라를 지켜냈어요.

4절 색상지 1/2 1장, 팝업용 색상지(13.5×19.5㎝) 1장, 꾸밈용 색지 조금, 무지개 한지

Step 1. 책 만들기

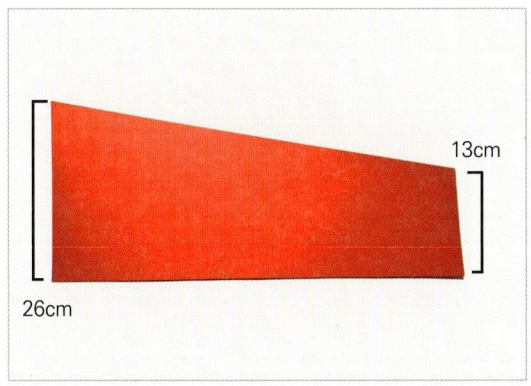

1. 4절 색상지를 왼쪽과 오른쪽 길이 차이가 나도록 비스듬하게 잘라 준비해요.

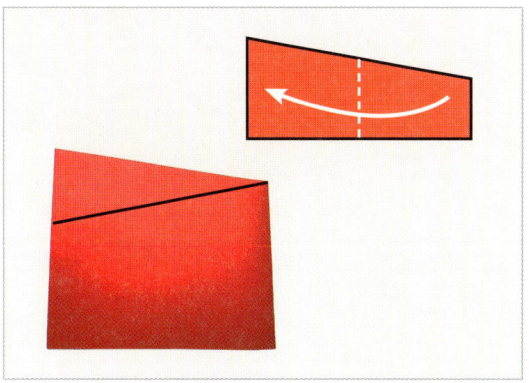

2. 낮은 쪽을 오른쪽으로 두고 반으로 접어요.

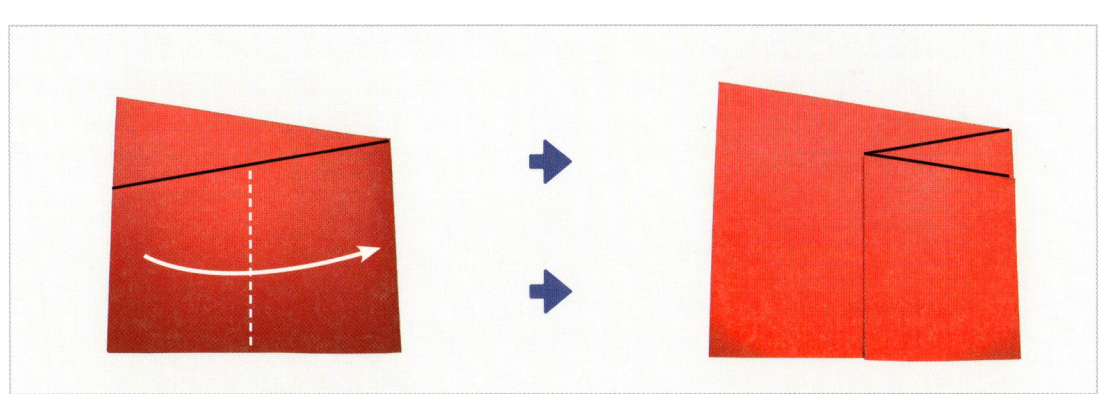

3. 접은 부분을 다시 오른쪽 방향으로 반으로 접어요.

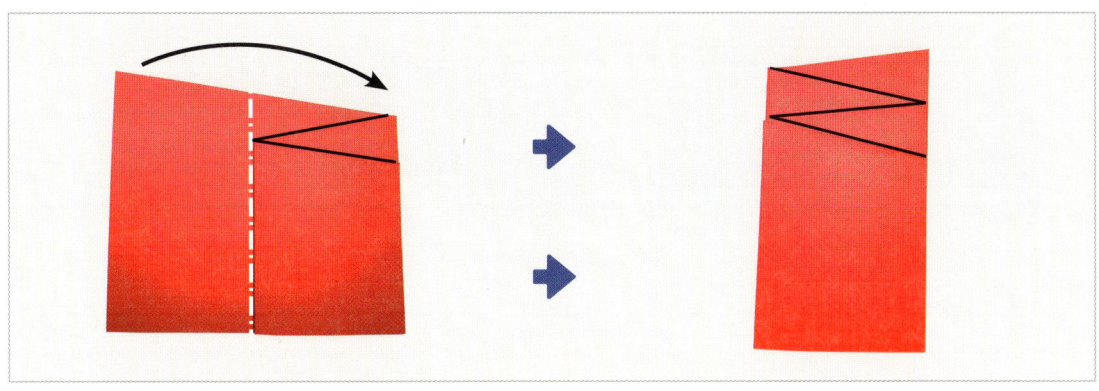

4. 뒤쪽 색상지도 바깥 방향으로 반으로 접어요.

5 모두 펼친 뒤 비스듬한 윗변을 모양을 내서 잘라요(펼쳤을 때 W 모양으로 보이면 돼요).

6 윗변을 물결 모양으로 자른 후 접은 모양이에요.

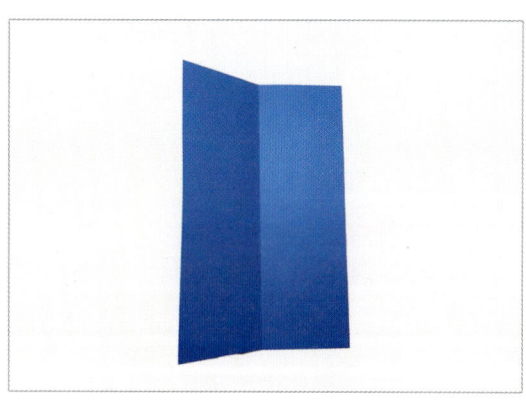

7 속지가 될 색상지를 세로로 길쭉하게 반으로 접어요.

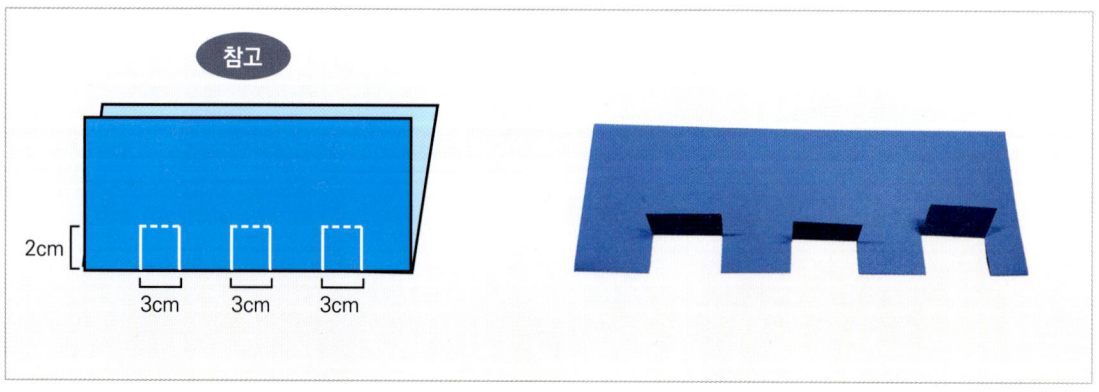

8 속지의 접힌 쪽에 사진과 같이 일정한 간격으로 가위집을 내고 위로 올려 접어요. 완전히 잘라 내는 것은 아니에요.

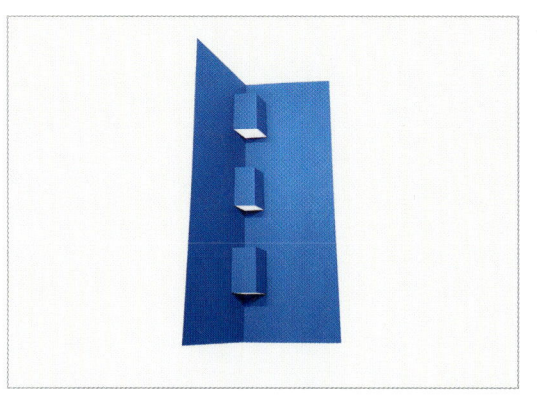

9 네모 모양을 밖에서 안으로 밀어 넣어 팝업 모양을 만들어요.

10 속지가 밖으로 튀어나오지 않도록 사방 귀퉁이를 조금씩 자르고 물결책의 둘째 장 중심선에 맞춰 오른쪽 면에 팝업 속지를 붙여요.

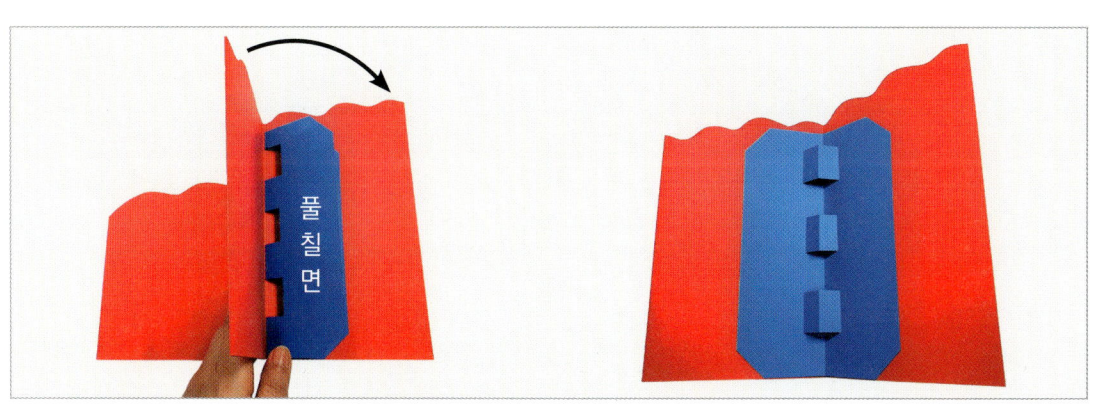

11 속지의 반대편에 풀칠을 하고 왼쪽 페이지를 덮었다 펴면 속지가 가운데 고정돼요.

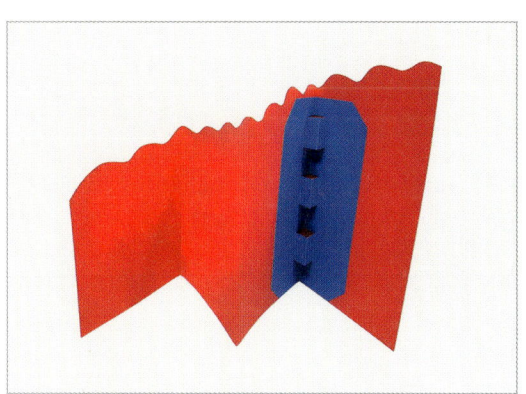

12 물결책이 완성된 모양이에요.

Step 2. 책 꾸미기

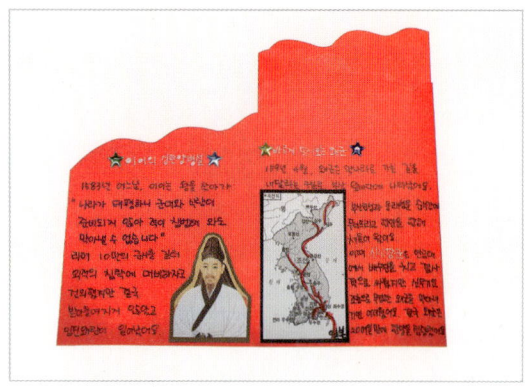

1 첫째 장에는 임진왜란이 일어나게 된 배경을 정리해요. 부록 241p

2 임진왜란 때 사용했던 여러 무기의 그림을 팝업 부분에 엇갈리게 붙여요. 왼쪽 이미지의 풀칠면을 참조해요. 부록 241p

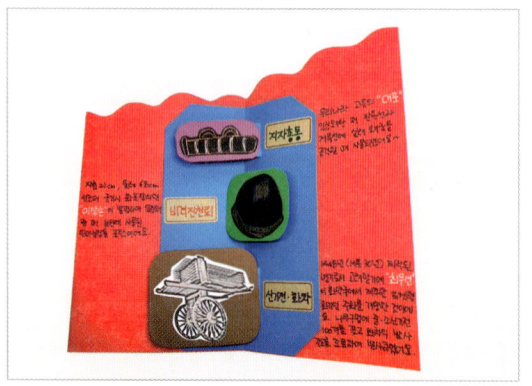

3 그림들 옆에는 무기의 이름과 그에 대한 설명을 써요.

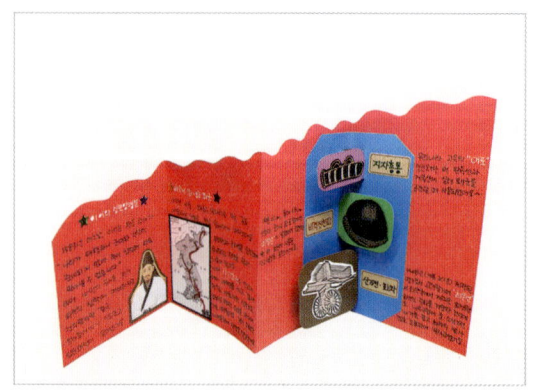

4 임진왜란의 내용이 모두 정리된 모습이에요.

5 한지를 이용하여 표지에 해당하는 앞면을 꾸며요.

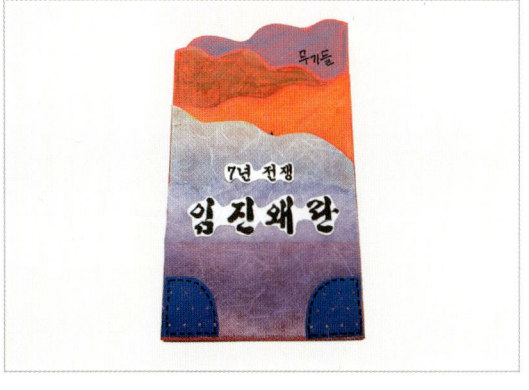

6 제목을 붙이면 완성이에요.

🌀 좀 더 공부해 보기

물결책은 형태상 앞면과 뒷면을 모두 활용할 수 있어요. 주제와 관련된 내용이 많을 경우에는 뒷면도 함께 사용하면 효과적이에요.

뒷면에도 임진왜란과 관련된 내용을 정리하여 함께 활용하세요.

02

이순신과 거북선

V자 팝업 6면책

6면책은 북아트에서 가장 많이 사용되는 미니북 접기와 같은 책이에요. V자 팝업에 붙이는 그림의 크기는 주제에 따라 더 크거나 작아도 좋고, 직접 그림을 그리거나 모양을 만들어서 붙여도 돼요. 표지를 장식하는 구김지는 다른 재질의 색지로 바꾸어서 만드는 것도 가능해요. 표지용 구김지를 넓게 자르면 필요한 종이의 장수도 줄고 만들기가 편해요.

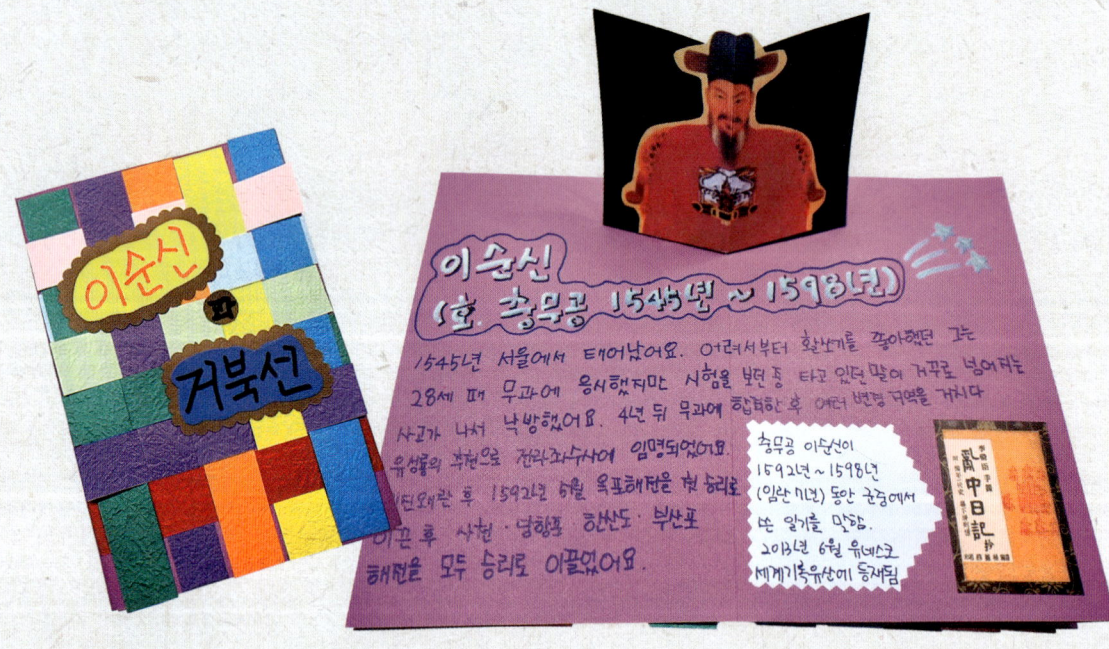

 **만들면서 익히는 역사 이야기**

이순신 장군은 1545년 서울에서 태어났어요. 어려서부터 활쏘기를 좋아했던 이순신은 1576년에 무과에 합격한 후 여러 지역의 장수와 정읍 현감을 거쳐 전라 좌수사에 임명되었어요. 임진왜란이 일어난 후, 이순신은 1592년 6월에 옥포 해전을 첫 승리로 이끌었어요. 이어 사천·당항포·한산도·부산포 해전을 모두 승리로 이끌었지요. 거북선은 조선의 판옥선을 개량해 만들었어요. 거북선은 돌격용 전투함으로, 적의 침입을 막기 위해 철심이 박힌 거북 등딱지 같은 것이 있고, 뱃머리에 용과 도깨비 머리를 달고 있어 공포심을 불러일으켰어요. 또한 2개의 돛 덕분에 적의 배 사이로 깊숙이 침투하여 접근전을 펼칠 수 있는 조선 수군의 최고 무기였어요.

4절 색상지 1장, V자 팝업용 색지(12X12cm) 2장, 물결 팝업용 색지(16X6cm) 1장, 물결 꾸밈용 색지(12X6cm) 1장, 표지용 구김지(2.5X19.5cm) 22장

Step 1. 책 만들기

1 | 4절 색상지를 가로 방향으로 놓고 반 접어요.

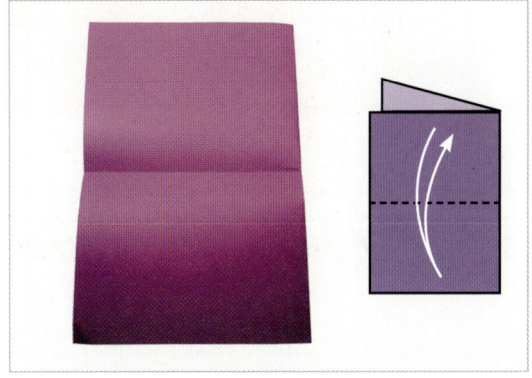

2 | 세로로 반을 접었다 펼쳐요.

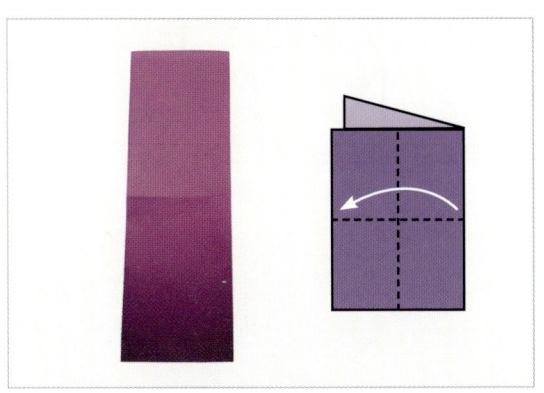

3 | 세로로 길쭉한 모양이 되도록 밖으로 접어요.

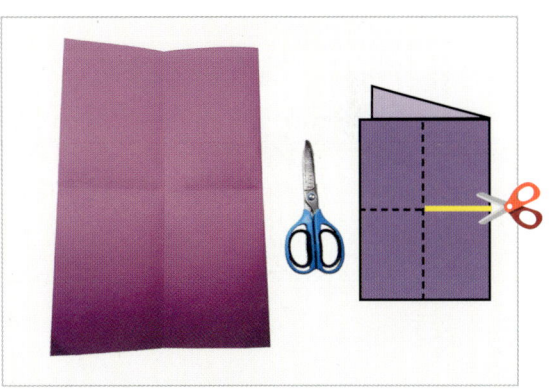

4 | 다시 펼친 후 접힌 선을 따라 1칸을 잘라요.

5 | 완전히 펼치면 가운데 2칸이 잘려 있어요.

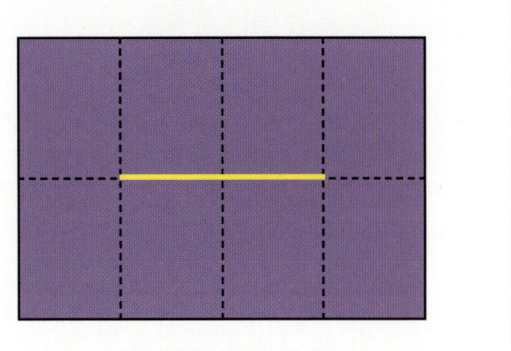

02. 이순신과 거북선

6 이번엔 가로로 길쭉한 모양이 되도록 반을 접은 뒤 대문접기를 해요.

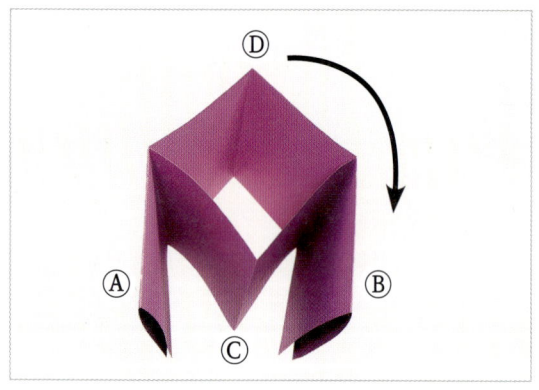 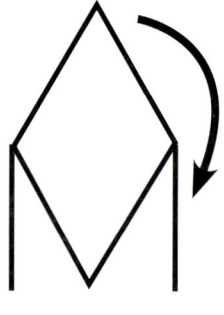

7 대문접기 부분을 다시 열고 가위로 잘라 놓은 부분이 다이아몬드 모양이 되도록 하면서 양쪽 끝 페이지를 가운데로 완전히 모아요.

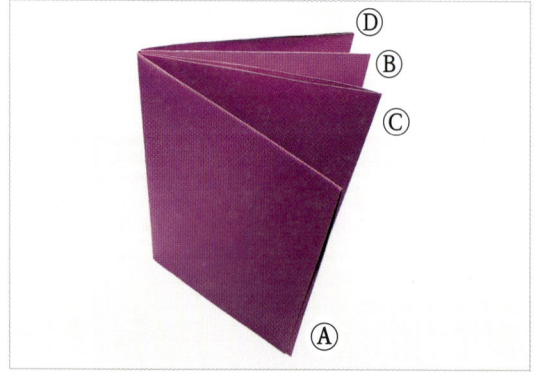 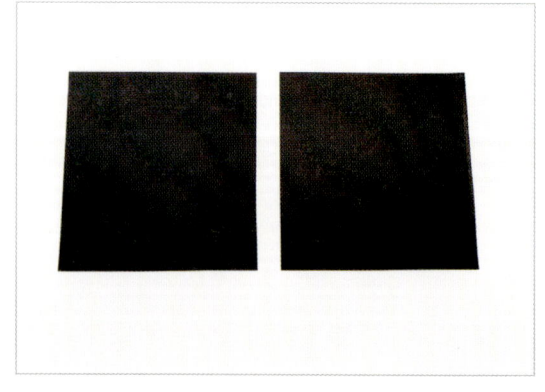

8 모아진 세 페이지(Ⓐ, Ⓑ, Ⓒ)의 반대쪽으로 튀어나온 한 페이지(Ⓓ)를 책의 맨 뒷페이지가 되도록 접으면 기본책 완성이에요.

9 색상지 2장을 준비해요.

10 아래의 풀칠면을 1.5㎝ 접었다 편 뒤 가로로 반 접어요.

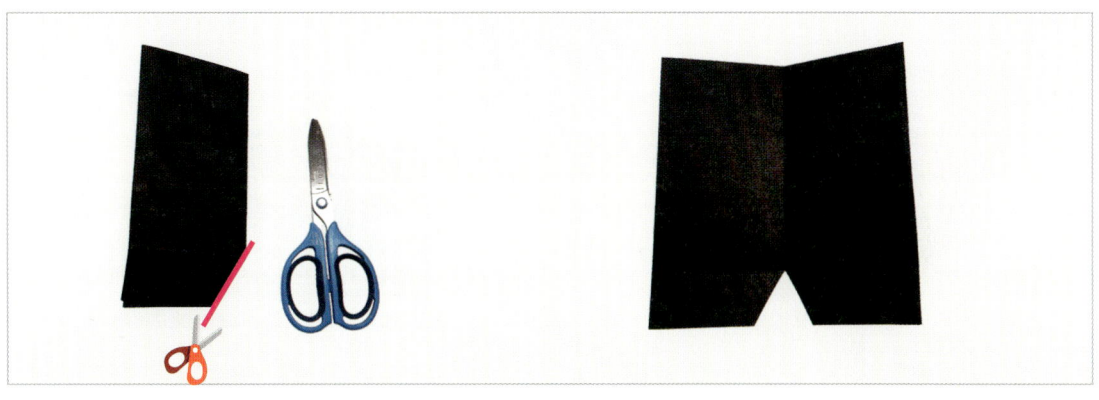

11 아래 풀칠면의 접힌 쪽을 사선으로 잘라요.

12 2개를 같은 방법으로 만들어요.

13 색상지의 풀칠면에 풀을 칠한 뒤 사진과 같이 6면책의 첫째 장 중앙선에 맞추어 오른편에 붙이고, 반대편 풀칠면에도 풀칠해요.

14 왼쪽 페이지를 덮어 풀칠면과 붙인 후 다시 펴요.

15 V자 모양 팝업으로 세워져요.

16 같은 방법으로 셋째 장에도 V자 모양 팝업을 붙여요.

17 거북선 그림에 물결 모양을 오려 붙여요.
부록 243p

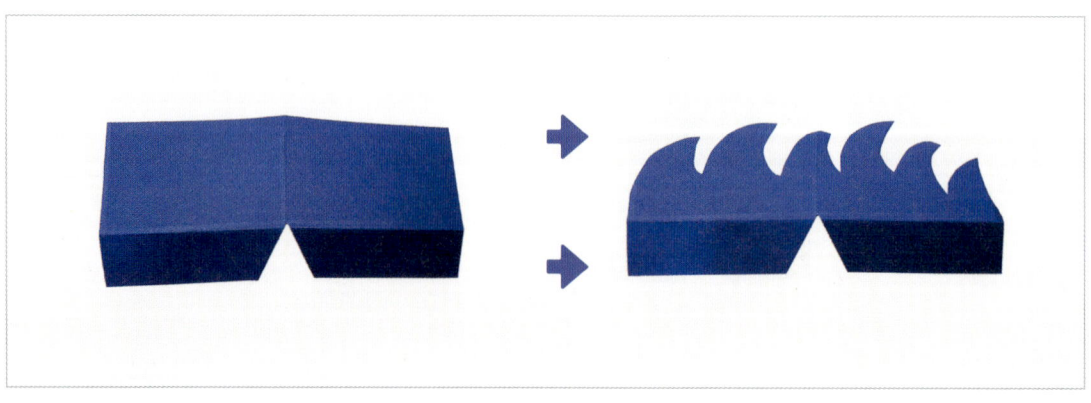

18 좀 더 입체적인 느낌이 나도록 물결 팝업용 색지를 V자 물결 모양 팝업으로 만들어요.

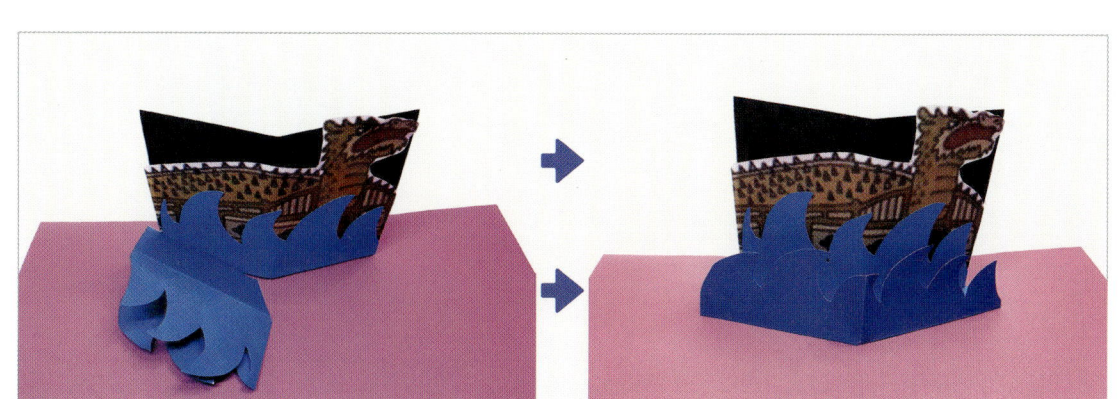

19 | 물결 모양을 붙인 거북선 그림을 셋째 장의 팝업에 붙이고 그 앞에 물결 모양 팝업을 붙여요.

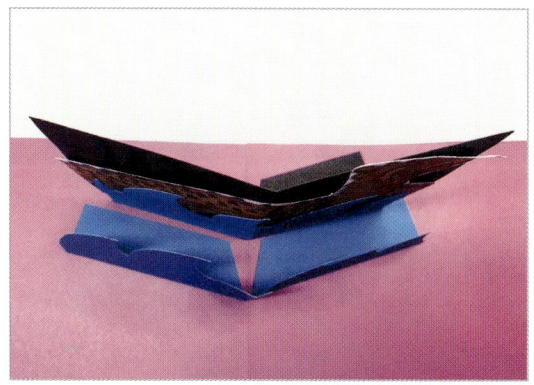

20 | 2단으로 되어 입체감이 느껴져요.

Step 2. 책 꾸미기

1 | 첫째 장 V자 모양 팝업에 이순신 장군 사진을 붙여요. 부록 245p

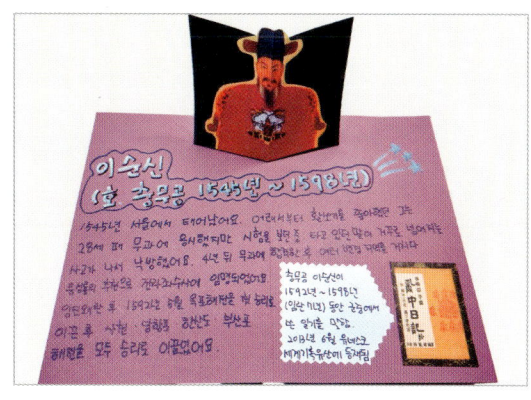

2 | 아래에는 이순신 장군에 대한 내용을 적어요. 부록 243p

02. 이순신과 거북선　69

3 둘째 장에는 임진왜란 때 이순신 장군이 싸웠던 여러 해전에 대해서 정리해요.

4 마지막 장에는 거북선에 대한 내용을 적어요.

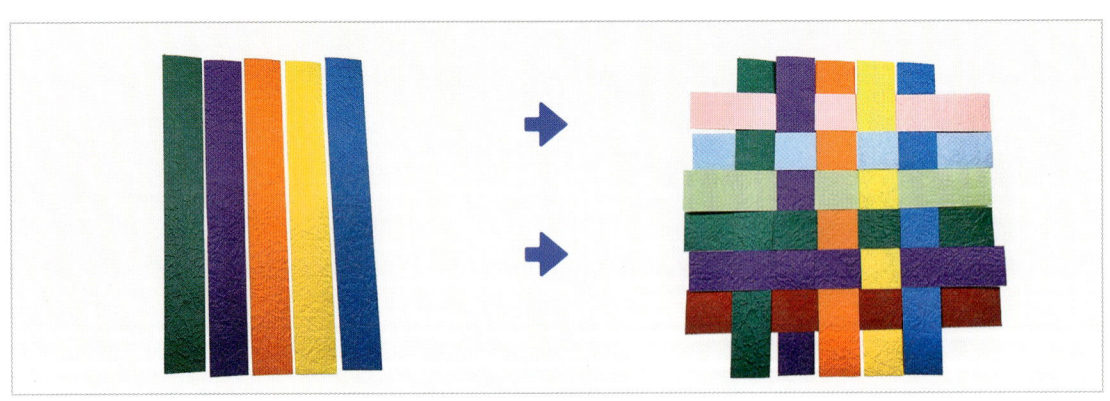

5 구김지 11장을 준비해서 가로 5줄, 세로 6줄로 엮어요.

6 구김지 11장을 더 준비해서 같은 방법으로 1개 더 만들어요.

7 이순신과 거북선의 내용을 모두 정리한 6면책의 앞뒤 표지에 풀칠해요.

8 만든 구김지를 앞뒤로 붙이고 크기에 맞도록 잘라요.

9 제목을 써서 붙이면 완성이에요.

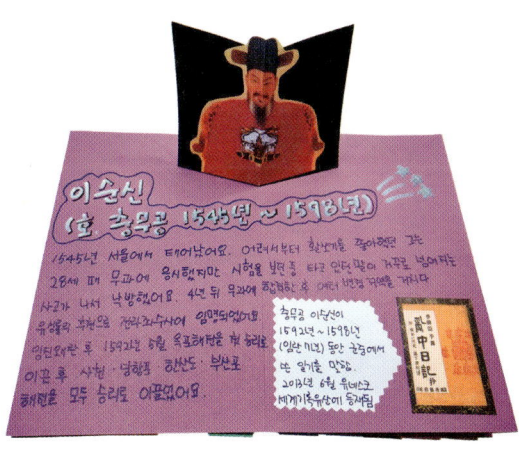

진주대첩과 행주대첩

이중 6면 도자도북

도자도북이란, 등을 맞댄 양면 좌석의 프랑스 마차 도자도(dos-à-dos)에서 온 것으로, 등이 맞대어 있는 구조로 되어 있어 양쪽으로 다 열 수 있는 책을 뜻해요. 본 책에서는 6면 기본책을 도자도 형식으로 하여 2가지 주제를 한 책에 담을 수 있도록 했어요. 6면 도자도북은 적어야 할 내용이 조금 많은 편이라 시간을 충분히 가지고 만들면 좋아요.

만들면서 익히는 역사 이야기

임진왜란 3대 대첩이라 하면 한산도대첩, 진주대첩, 행주대첩을 뽑아요. 진주성에서는 큰 전투가 2번 일어났는데, 제1차 전투 때는 김시민이 활약했으며 이 전투를 진주대첩이라고 해요. 제2차 전투는 왜장을 끌어안고 강에 뛰어든 논개의 죽음으로 잘 알려져 있어요.

행주대첩은 1593년 2월에 권율이 행주산성에서 왜군을 크게 무찌른 전투예요. 이 전투에서는 여인들이 짧게 자른 천을 허리에 두르고 돌을 날라 왜군을 무찌르는 데 도움을 주었어요. 그 때문에 부엌일을 할 때 그릇이나 손을 닦기 위해 사용하는 앞치마를 행주치마라고 부르게 되었다는 이야기도 있어요.

4절 색상지 1장, 표지용 골판지(14cm×19.5cm) 2장, 한지(5cm×14cm) 2장, 꾸밈용 종이 약간, 꾸미기용 스티커

Step 1. 책 만들기

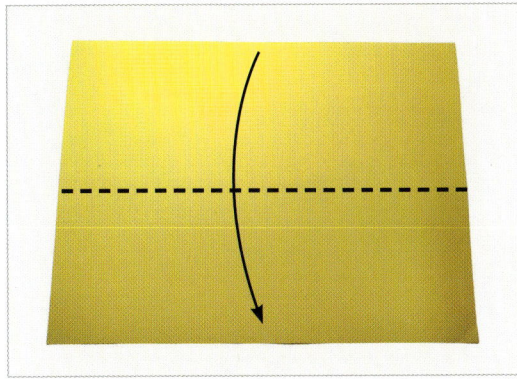

1 4절 색상지를 준비하여 위아래로 반을 접어요.

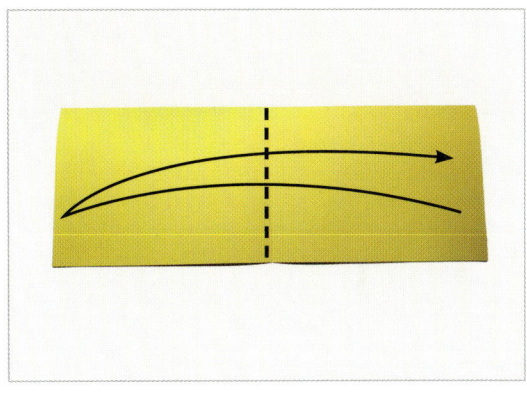

2 가로 방향으로 반을 접었다 펴요.

3 대문접기를 해요.

4 한 번 더 대문접기 방법으로 접어요.

5 펼쳐 주세요. 8칸이 되었어요.

6 완전히 펼쳐요.

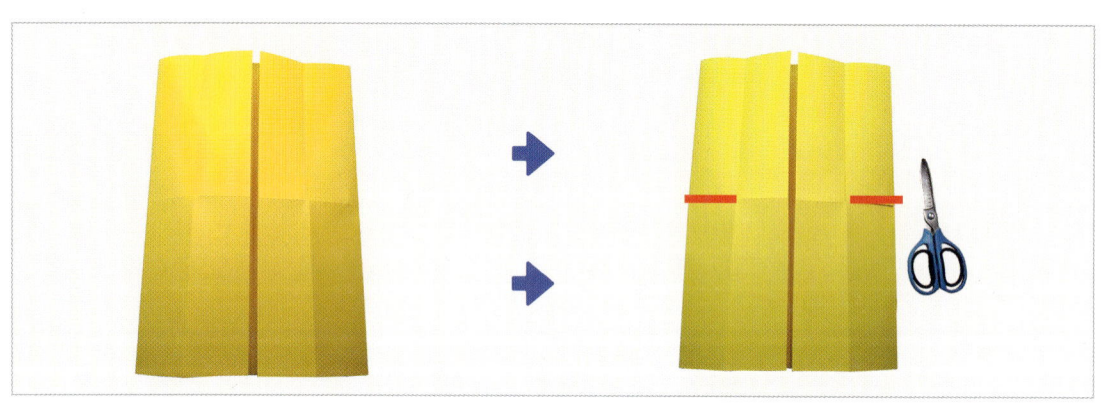

7 종이를 완전히 펼친 상태에서 대문접기를 하고 양 끝의 접힌 선을 따라 한 칸씩만 잘라요.

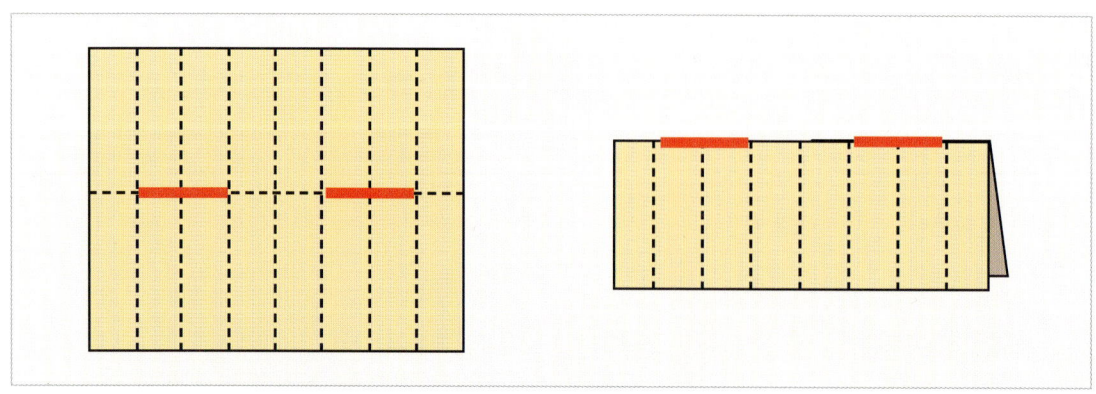

8 펼쳤을 때 양쪽에 2칸씩 잘라져 있어야 해요. 다시 세로로 반 접어요.

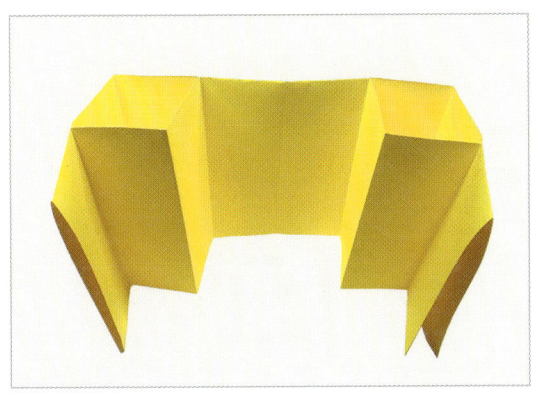

9 가위집이 난 부분을 다이아몬드 모양으로 만들어요.

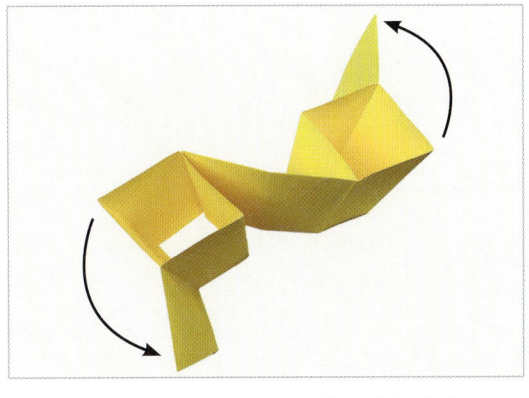

10 사진과 같이 엇갈리도록 만들면서 접어요.

11 기본 도자도북 모양이 완성되었어요.

Step 2. 책 꾸미기

1 첫째 장에 진주대첩에 대한 내용을 적어요.

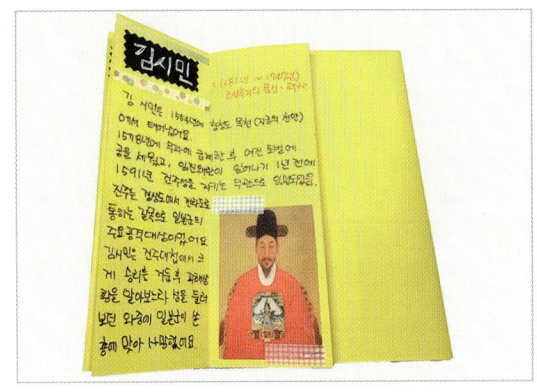

2 둘째 장엔 김시민 장군에 대한 내용을 적어요.

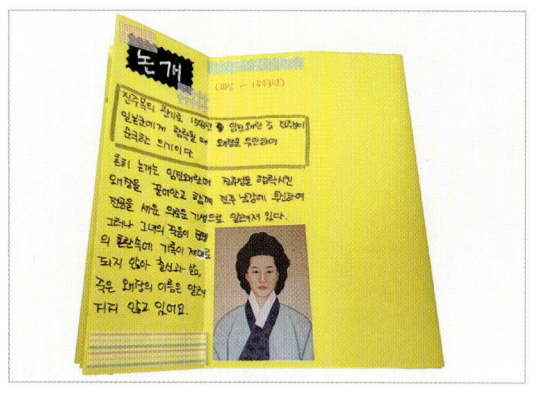

3 셋째 장엔 논개에 대한 내용을 적어요.

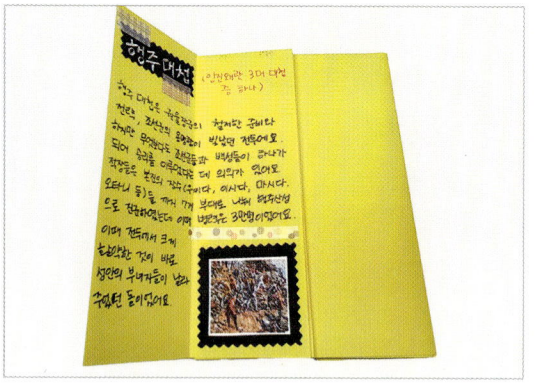

4 반대편의 첫째 장에 행주대첩의 내용을 적어 넣어요.

5 둘째 장엔 권율 장군에 대한 내용을, 셋째 장엔 행주치마의 유래를 적어요.

6 이중 6면 도자도북을 위에서 본 모양이에요.

7 표지가 될 골판지 2장을 준비해요.

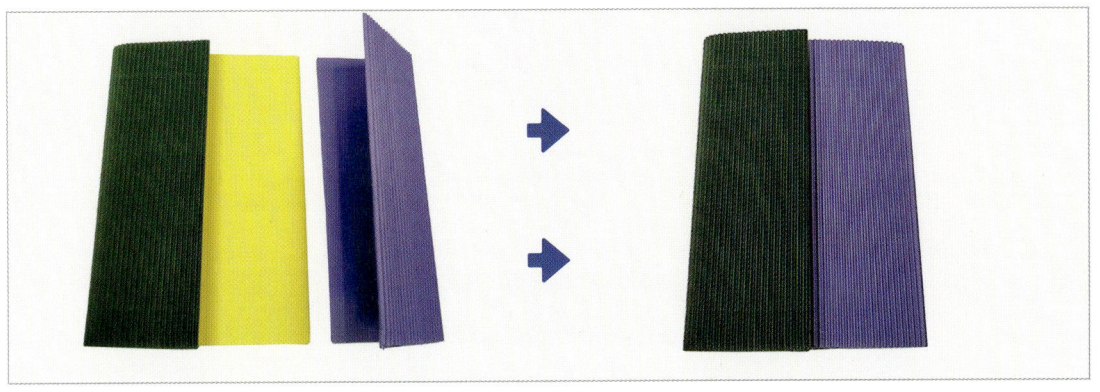

8 | 가로로 반 접은 다음, 양쪽을 감싸듯이 붙여요.

9 | 제목을 붙일 한지 2장을 준비해요.

10 | 앞뒤 표지에 한지를 붙이고 그 위에 제목을 붙여요.

11 | 표지까지 모두 완성된 모양이에요.

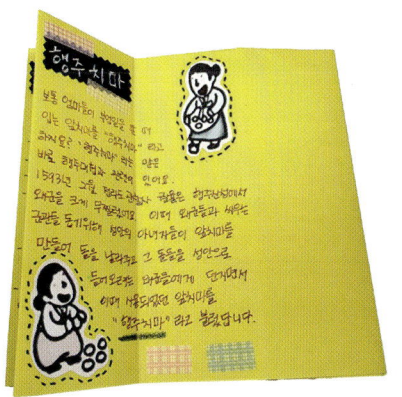

홍의장군 곽재우

삼각주머니 응용책

삼각주머니는 접는 방법도 쉬워서 종이 한 장으로 만들기 좋은 북아트 기법이에요. 표지가 될 골판지는 속지보다 조금 크게 하는 것이 좋아요. 표지 꾸밈용 꽃 모양 스팽글의 개수는 필요에 따라 바꿀 수 있어요. 견출지도 주제에 따라 소제목이 더 많아지면 더 준비해 주세요.

만들면서 익히는 역사 이야기

의병장으로 이름이 높았던 사람은 가장 먼저 의병을 일으킨 경상도의 곽재우와 정인홍, 충청도의 조헌, 전라도의 고경명과 김천일, 함경도의 정문부 등이 있었어요. 또 묘향산의 서산대사와 금강산의 사명대사도 승병장으로 이름을 떨쳤지요. 특히 붉은 비단 옷을 입은 채 백마를 타고 의병들을 지휘하여 '홍의장군'이라 불린 곽재우는 임진왜란이 일어나자 의병을 모아 진주성전투, 화왕산성전투에 참전했어요. 유격전을 펼치며 일본군에 큰 타격을 줘서 왜군들은 이름만 들어도 벌벌 떨었다고 해요.

정사각형(26×26㎝) 색상지 1장, 표지용 골판지(14×26.5㎝) 1장, 꽃 모양 스팽글 5개, 견출지 2장

Step 1. 책 만들기

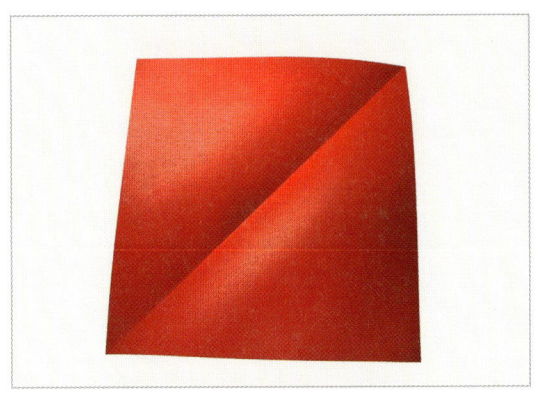

1 정사각형 색상지 1장을 대각선으로 한 번 접었다 펴요.

2 반대편도 대각선으로 접었다 펴요.

3 뒤집어서 반으로 한 번 접었다 편 뒤 다시 뒤집어 가운데를 살짝 눌러요.

4 양쪽 접힌 부분을 가운데로 모아서 접은 선을 따라 접어요.

5 삼각주머니가 만들어졌어요.

6 삼각주머니의 양 끝을 가운데까지 접어요.

7 앞뒤 모두 같은 방법으로 접었다 펴요.

8 접어진 양 끝을 안으로 밀어 넣어요.

9 4개의 양 끝이 모두 안으로 접혀 들어간 모양이에요.

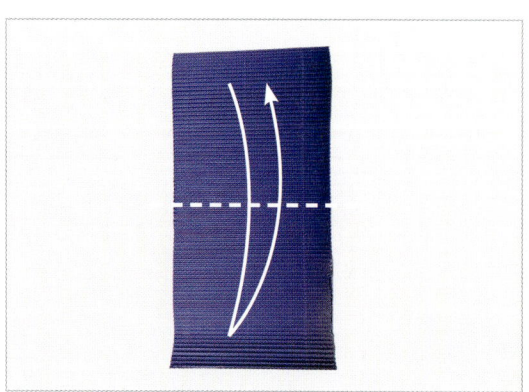

10 표지가 될 골판지 1장을 준비해서 반으로 접었다 펴요.

11 속지의 한 면에 풀칠을 해 표지의 가운데 중심선에 맞추어 붙이고 윗면에도 풀칠한 후 표지를 접어 붙여요.

12 속지에는 소제목을 쓴 견출지와 주제에 알맞은 그림을 붙이고 내용을 적어요.

13 표지에 제목을 붙이고 꽃모양 스팽글로 꾸며 주면 완성이에요.

05

상처로 남은 병자호란

네모 팝업 양쪽 대문책

기본 아코디언북에 네모 팝업 기법을 넣었어요. 주제와 관련된 사진을 활용하고 소제목을 붙여 내용을 정리하기 좋아요. 소제목은 이번 주제에 맞게 정묘호란, 병자호란, 삼전도의 굴욕, 병자호란 그 후로 했어요.

만들면서 익히는 역사 이야기

병자호란은 1636년(인조 14년) 12월부터 이듬해 1월까지 청나라의 제2차 침입으로 일어난 전쟁이에요. 병자년에 일어났기 때문에 병자호란이라고 불러요. 정묘호란으로 조선을 침략한 이후 명나라를 무너뜨린 후금은 나라 이름을 '청'으로 바꾸고, 이제부터 조선은 '신하의 나라'라며 청나라에 신하로서 예를 갖추라고 요구했어요. 하지만 조선은 청나라를 야만족이라 무시하며 요구를 받아들이지 않았지요. 결국 화가 난 청나라는 군대를 이끌고 다시 침입했는데, 이것이 1636년에 일어난 병자호란이에요. 이 전쟁에서 패한 조선은 '삼전도의 굴욕'을 겪게 돼요.

8절 색상지 1장, 표지용 타공지(9.5㎝×15㎝) 2장, 사진 꾸밈용 색지 약간, 여밈용 색지(18㎝×3㎝) 1장, 색종이

Step 1. 책 만들기

1. 8절 색상지의 아랫부분을 8㎝ 올려 접어요.

2. 윗부분도 3㎝ 내려 접어요.

3. 가운데를 가로로 반 접고 W 모양이 되도록 양쪽을 접어요.

4. 8㎝ 접어 올린 부분을 다시 펼쳐요.

5. 아래의 양 끝을 한 칸씩 잘라 내고 남은 부분의 가운데 지점을 사진과 같이 잘라요.

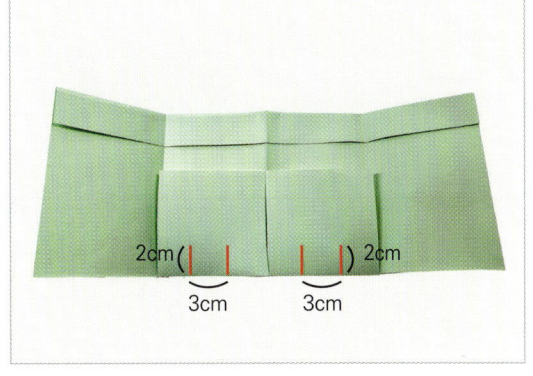

6. 남은 아래 2칸을 위로 올린 다음, 각 칸의 가운데에 11자로 가위집을 만들어요.

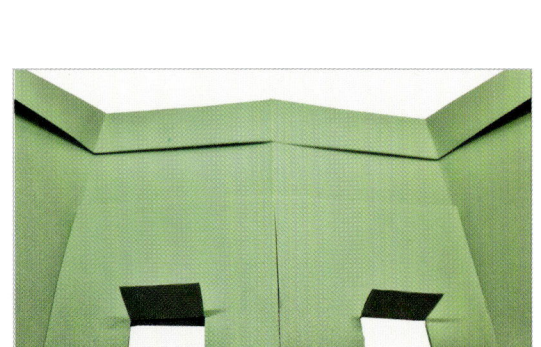

7 | 가위집으로 만든 네모 부분을 사진과 같이 접은 뒤 밖에서 안으로 밀어 넣어요.

8 | 팝업이 만들어졌어요.

9 | 윗부분은 접은 선을 중심으로 V자 모양이 되도록 잘라요.

10 | 기본 책이 완성되었어요.

Step 2. 책 꾸미기

1 | 병자호란과 관련된 사진 자료 2장을 꾸밈 종이에 붙여 준비해요. 부록 247p

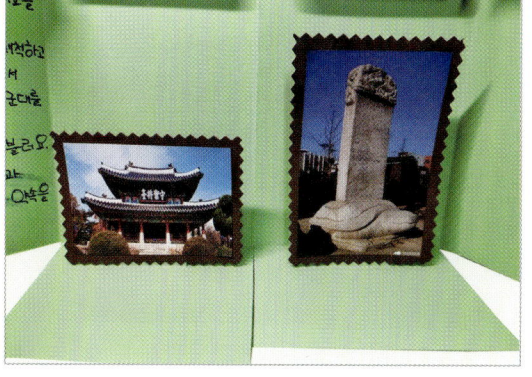

2 네모 팝업의 앞쪽에만 풀칠한 후 준비한 사진 자료를 붙여요.

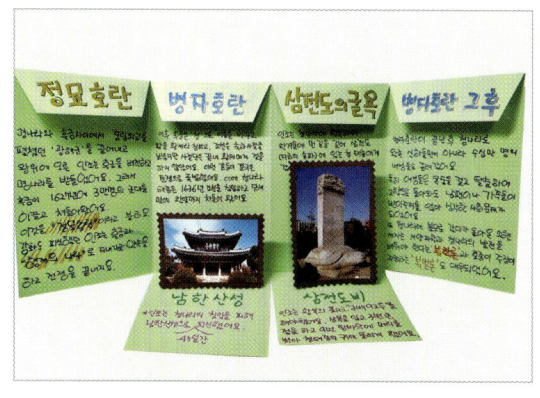
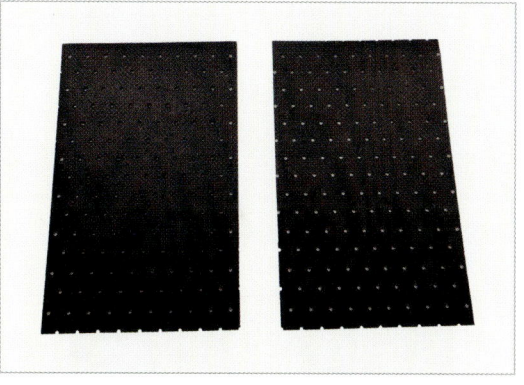

3 윗부분에는 소제목을 쓰고 그 아래에는 공부한 내용을 정리해요.

4 표지가 될 타공지 2장을 준비해요.

5 활동이 모두 끝난 북아트를 대문접기로 접고 그 위에 표지를 붙여요.

6 제목을 적어 붙여요.

7 색종이를 사용하여 딱지를 접어요.

8 한쪽에 딱지를 붙이고 여밈 종이는 그 반대쪽에 풀칠해서 붙인 후 딱지에 끼워요.

9 완성된 모양이에요.

06

독도를 지킨 안용복

육각형 벌집책

육각형 벌집책은 도안이 있으면 만들기가 편해요. 이 책에서는 한 변의 길이가 8cm인 육각형 모양을 만들었지만, 필요에 따라 크기를 크게 하거나 작게 만들어 사용하세요. 날개의 색깔을 모두 다르게 하면 좀 더 화려한 책이 될 수 있어요.

만들면서 익히는 역사 이야기

안용복은 조선 후기의 어부이자 민간 외교가라고 불려요. 안용복의 인적 사항은 이름을 빼면 정확한 것이 드물어요. 조선 숙종 때에 울릉도와 독도가 조선 땅인 것을 일본 막부가 인정하도록 활약하고 조선 후기인 1693년과 1696년, 두 차례에 걸쳐 일본에 건너가 울릉도와 독도에서 불법 조업을 일삼던 일본 어선에 대하여 항의해 조선 영유권을 주장하였어요. 하지만 조정은 함부로 벼슬을 사칭하고 양국 간에 외교 문제를 일으켰다는 이유로 안용복을 체포해 유배를 보냈어요.

준비물
육각형 모양 색상지 1장, 뒷면용 육각형 모양 타공지 1장, 날개 모양 색상지 3장, 표지용 색지 조금

Step 1. 책 만들기

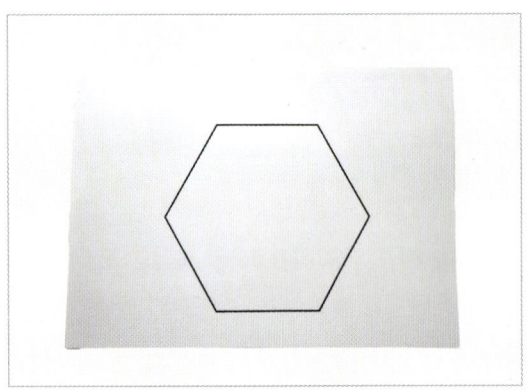

1. 한 변의 길이가 8㎝인 육각형 도안을 준비해요. 부록 249p

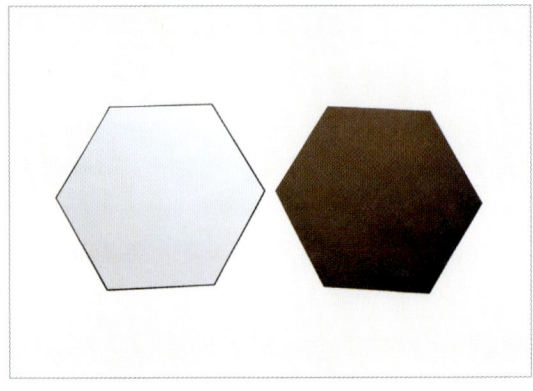

2. 도안을 사용하여 색상지를 육각형 모양으로 잘라요.

3. 또 다른 도안을 활용하여 풀칠면이 있는 육각형 1/2 크기의 날개를 3개 오려요.

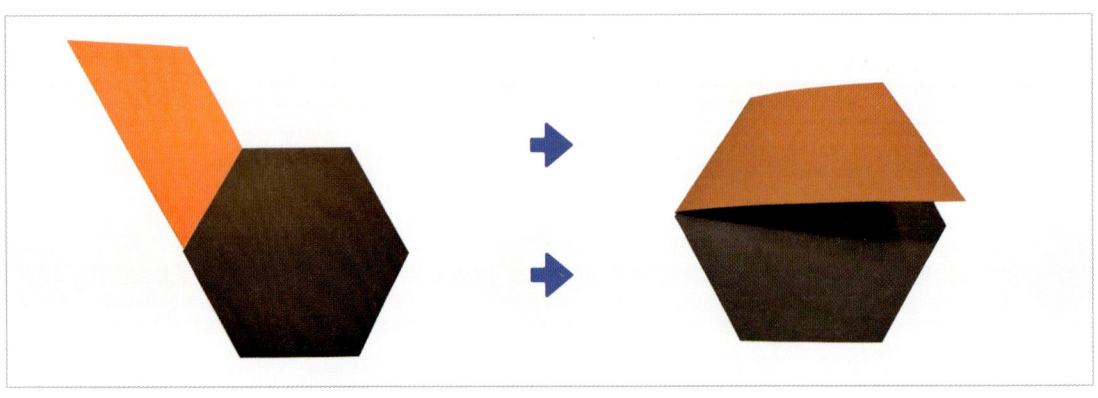

4. 풀칠면에 풀칠해서 사진과 같이 붙여요.

5 나머지 날개도 같은 방향으로 향하도록 붙여요.

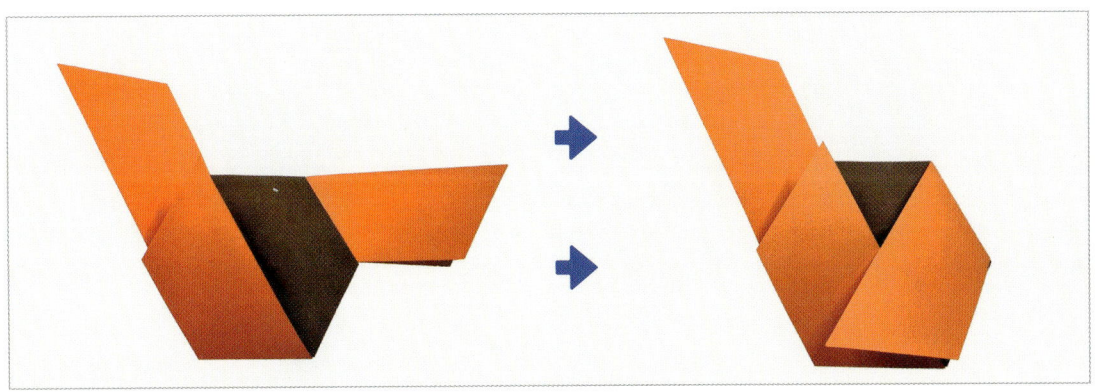

6 맨 처음에 붙인 날개가 마지막에 접어지도록 순서대로 접어요.

7 날개를 모두 접은 모양이에요.

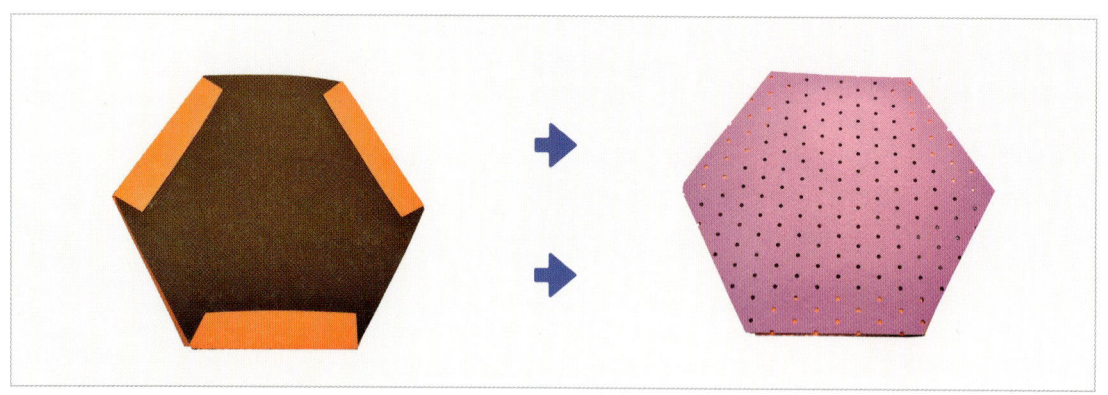

8 | 도안을 사용해서 타공지를 육각형으로 자르고 뒷면에 붙여요.

9 | 안쪽에 주제와 관련된 내용을 적어 주세요. 날개 부분과 육각형 부분을 모두 사용해요.

10 | 독도를 지킨 안용복에 대한 내용을 모두 정리한 모양이에요.

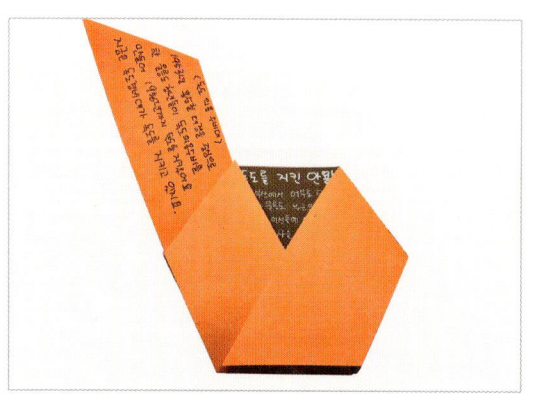

11 | 순서대로 다시 접어요.

12 | 날개 크기보다 조금 작게 색지를 오려 붙인 다음, 제목을 쓰면 완성이에요.

선비를 닮은 소박한 백자

박물관 액자 팝업책

액자 팝업은 전시장 같은 효과를 주는 책이에요. 조선시대의 백자들을 마치 박물관에서 보는 것 같은 느낌을 낼 수 있어요. 액자 모양으로 창을 낼 때에는 칼을 사용해야 하므로 안전하게 할 수 있도록 어른들이 도와주세요. 액자에 붙이는 백자 종류는 공부한 내용에 따라 변경해도 좋아요. 만드는 방법이 조금 번거롭고 까다로울 수 있지만 완성된 모양은 멋있어요.

만들면서 익히는 역사 이야기

조선시대의 도자기로는 형태가 단순하고 꾸밈이 거의 없는 것이 특징인 백자가 유행하였고, 흰 바탕에 푸른 색깔로 그림을 그린 청화백자도 많이 만들어졌어요. 조선백자는 고려청자에 비해 순수하고 소박한 느낌을 주는 흰색 도자기예요. 백자 중에는 무늬를 넣지 않은 것들이 많은데, 그 이유는 우리 조상님들이 순수한 멋을 좋아했기 때문이에요. 간혹 무늬를 넣더라도 붓으로 그려 넣어 매우 담백한 느낌을 준답니다.

8절 색상지 1장, 액자 팝업용 색상지(18x20㎝) 1장, 리본(14cm) 3개, 색깔 한지(27x9㎝) 2장, 속지용 색지(26x13㎝) 1장, 꽃무늬 한지(27x10㎝) 1장, 띠 골판지 약간, 사진 꾸밈용 타공지 약간

Step 1. 책 만들기

1. 8절 색상지를 세로로 반 접어요.

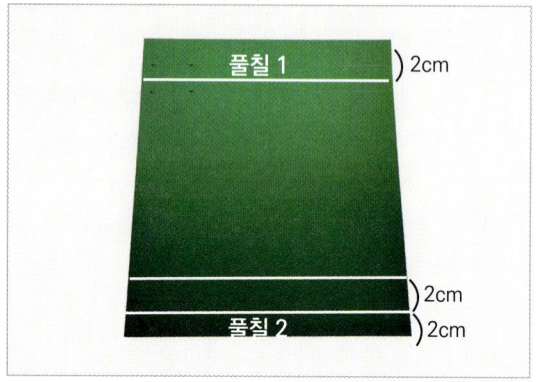

2. 액자 팝업용 색상지를 준비해서 사진과 같이 2cm 너비로 접어요.

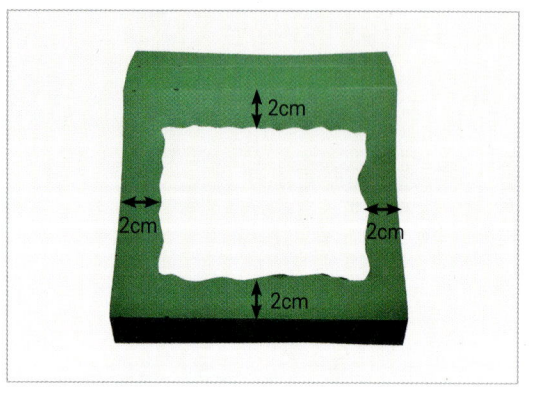

3. 가운데 부분에 모양을 내서 창문을 만들듯이 잘라 내요.

4. 창문 모양보다는 긴 14cm 길이의 리본 3개를 준비해요.

5. 조선시대를 대표하는 백자 모양 3개를 골라 타공지에 붙이고 종이를 겹쳐 같은 모양이 2장씩 나오도록 오려요. 이때 사진의 길이로는 5cm 내외가 알맞아요. 부록 251p

6 뒷면이 될 색지 가운데에 세로로 리본을 놓고 사진을 붙인 용지를 그 위에 붙여요.

7 백자 사진 3개를 모두 같은 방법으로 리본에 붙여요.

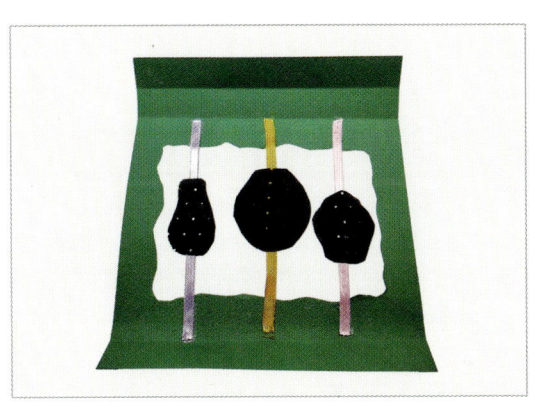

8 액자책의 뒷면에 사진이 앞을 향하도록 두고 리본의 위아래에 풀칠하여 붙여요.

9 색깔 한지 2장을 준비해요.

10 접어 놓은 8절 색상지 위쪽에 나란히 붙여요.

11 액자 팝업의 풀칠1에 풀칠을 하고 뒤집어서 8절 색상지의 중앙선에 맞추어 붙여요.

12 위의 2칸이 모두 보이도록 편 후 풀칠 2에 풀칠해요.

13 왼쪽 페이지를 접었다 펴서 붙게 하면 액자 모양의 팝업이 만들어져요.

14 액자 팝업이 붙어 있는 모양이에요.

15 속지가 될 용지의 가장자리를 핑킹가위로 잘라 모양을 내요.

16 반으로 접어요.

17 액자책의 아래쪽 페이지에 오른쪽으로 열리도록 붙여요.

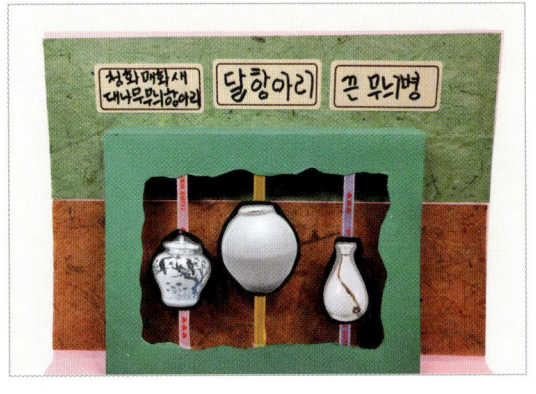

18 견출지에 백자의 이름을 써서 붙여요.

19 아래에는 백자에 대한 설명과 사진을 붙여요. 속지의 안쪽에도 조선시대의 백자에 대한 내용을 적어요.

20 액자 팝업책의 내용이 모두 완성된 모양이에요.

21 꽃무늬 한지 1장을 책 표지의 가운데에 붙이고 띠 골판지로 꾸며요.

22 띠 골판지를 이용하여 제목을 만들어 붙이면 완성이에요.

01 영조와 사도세자

02 정조와 수원 화성

03 다산 정약용

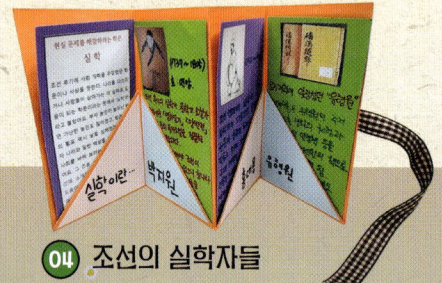
04 조선의 실학자들

05 조선의 화가, 김홍도와 신윤복

06 김정호와 대동여지도

07 백성들이 즐긴 서민 문화

3장

화려하게 꽃피운 조선의 문화

영조와 사도세자

네모 상자 팝업책

팝업이란 '튀어 오르다'라는 뜻으로, 네모 상자 팝업책은 접혀 있는 책을 펼치면 상자 모양이 입체적으로 튀어 오르게 한 것이에요. 상자의 크기는 필요에 따라 조금 다르게 해도 좋아요. 주제에 대한 내용의 분량은 정해진 것은 아니므로 상황에 맞도록 하면 됩니다. 책 속 계단북의 개수는 더 많거나 적어도 돼요.

만들면서 익히는 역사 이야기

영조는 50년이 넘는 오랜 기간 동안 통치를 한 왕이에요. 붕당 간의 대립을 완화하고 왕권을 강화하기 위해 탕평책을 실시하였어요. 노론과 소론의 온건파를 중심으로 각 붕당의 인물들을 고르게 등용했고, 강화된 왕권을 바탕으로 민생 안정에 힘을 기울였어요. 균역법을 실시해 백성의 부담을 줄이고 지나친 형벌을 금지하였어요. 〈속대전〉, 〈동국문헌비고〉 등을 편찬해 문물제도를 정비하였어요. 한편 영조에 의해 뒤주에 갇혀 죽은 사도세자와의 비극적인 이야기로도 유명해요.

4절 머메이드지 1/2 1장, 상자 팝업을 만들 색지(35x15cm) 1장, 계단책용 색지(11x8.5cm) 5장,
골판지(13.5x19.5cm) 1장, 꾸미기용 스티커 약간

Step 1. 책 만들기

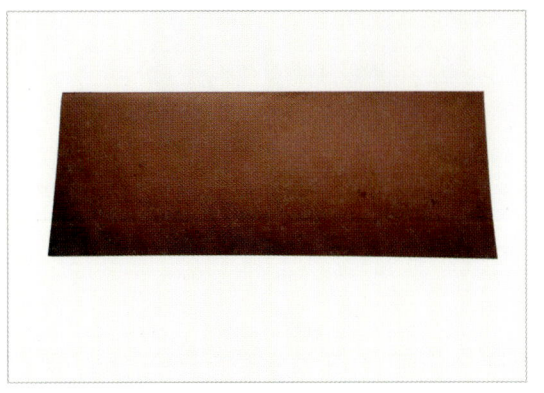

1 반으로 자른 4절 머메이드지를 준비해요.

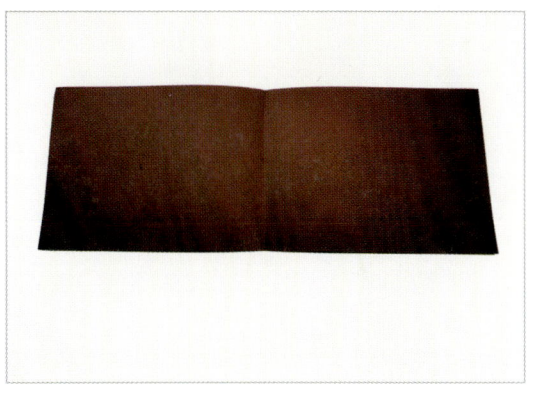

2 반으로 접었다 펼쳐요.

3 대문접기를 해요.

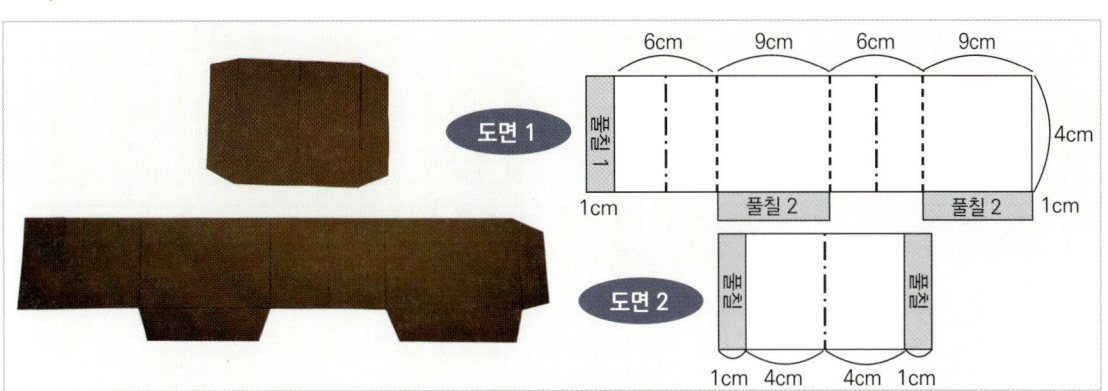

4 뒤주 모양 팝업이 될 색지를 도면을 참고하여 오려요.

5 도면 1의 접는 선을 따라서 뒤주의 몸통이 될 부분을 사진과 같은 모습으로 접은 후 풀칠1에 풀칠하여 붙여요.

6 도면 2를 참고하여 뒤주의 지붕도 접어요.

7 표지가 될 머메이드지의 오른쪽에 5의 뒤주 몸통을 사진과 같이 놓고 중심선에서 조금 떨어지도록 도면1의 풀칠2 중 한쪽을 먼저 붙여요.

8 나머지 한쪽도 풀칠하고 오른쪽 페이지를 덮었다가 열면 상자 모양이 완성돼요.

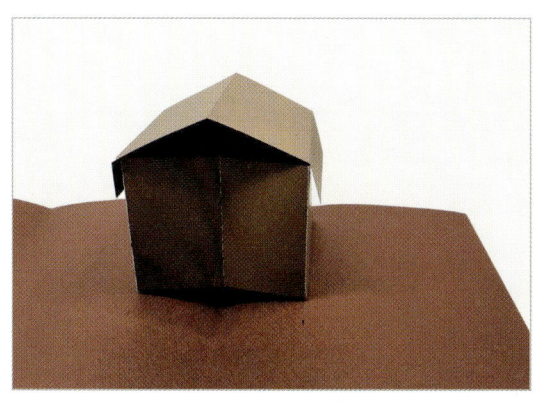

9 | 그 위에 지붕이 되는 색지를 붙여요.

10 | 지붕을 붙인 모양이에요.

11 | 색지를 5장 준비해요.

12 | 아랫부분은 모양을 내서 잘라요.

13 | 맨 아래 색지부터 계단 모양으로 쌓듯이 붙여요. 이때, 색지의 윗부분에만 풀칠해 붙여요.

14 | 기본 책 모양이 완성되었어요.

Step 2. 책 꾸미기

1. 영조의 사진을 붙이고 계단 모양 색지에는 영조에 대한 내용을 적어요. 부록 253p

2. 보이는 부분에는 영조의 업적 제목을 쓰고 그 안에 설명을 적어요.

3. 영조에 대한 내용을 3개 면에 적어요.

4. 나머지 한 면에는 사도세자에 대한 내용을 적어요. 부록 253p

5. 영조와 사도세자에 대한 내용이 모두 완성된 모양이에요.

6. 다시 대문접기를 해요.

7 표지가 될 골판지를 준비해요.

8 골판지를 모양을 내서 오려 붙인 뒤, 제목을 쓰고 스티커 등으로 꾸며요.

완성

02

정조와 수원 화성
이중 무대 팝업북

무대 팝업북은 책을 펼치면 윗부분이 무대가 세워지듯 팝업으로 펼쳐지는 책이에요. 무대 팝업 부분에는 사진이나 그림을 붙이는 것이 좋아요. 아코디언의 모양은 네모 모양으로 정해진 것이 아닌 주제와 연관된 다양한 모양으로 표현할 수 있어요. 또한 아코디언 부분에는 주제와 관련된 내용을 열거하거나 네 컷 만화 같은 형식으로 활용해도 효과적이에요.

만들면서 익히는 역사 이야기

정조는 영조의 손자로, 영조보다 더욱 적극적으로 개혁 정치를 추진한 임금이에요. 외척 세력을 제거하고, 할아버지인 영조의 뒤를 이어 붕당에 관계없이 능력 있는 사람을 중용하는 탕평책을 펼쳤어요. 규장각을 설치하고 이곳에서 젊은 학자들을 교육하여 개혁 세력을 육성했어요. 친위 부대인 장용영을 설치하여 왕권을 뒷받침하는 군사 기반으로 삼았어요. 또한 정조는 아버지 사도세자의 묘소를 수원으로 옮기고 정약용에게 지시를 내려 화성을 쌓았어요.

A4 사이즈 색상지 2장, 속지용 색지(32x8cm) 1장, 표지용 머메이드지(30x16.5cm) 1장, 표지 꾸미기용 한지 약간

Step 1. 책 만들기

1 | A4 사이즈 색상지 2장을 모두 반으로 접어요.

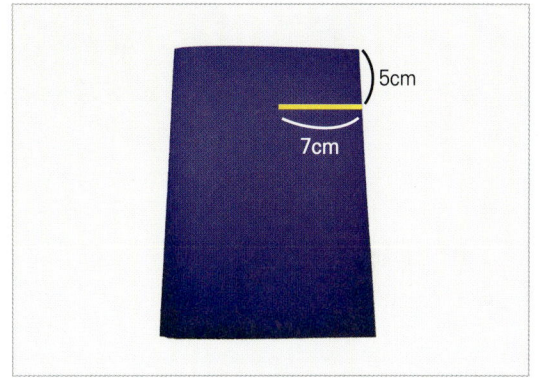

2 | 완전히 반으로 접은 상태에서 열리는 쪽으로 사진과 같이 7cm 가위집을 내요.

3 | 가위집을 낸 부분부터 모양을 내서 자르고 안쪽으로 밀어 넣어 접어요. 도면을 참조해 주세요.

4 | 접은 부분을 안으로 밀어 넣은 모습이에요.

5 | 안쪽 모양이에요.

6 | 같은 방법으로 나머지 한 개도 만들어요.

7 | 2장을 등끼리 맞닿게 붙여요.

8 | 2장이 붙은 모양이에요.

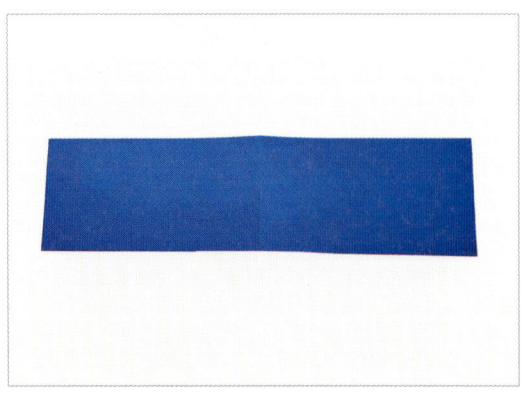

9 | 속지용 색지 1장을 준비해요.

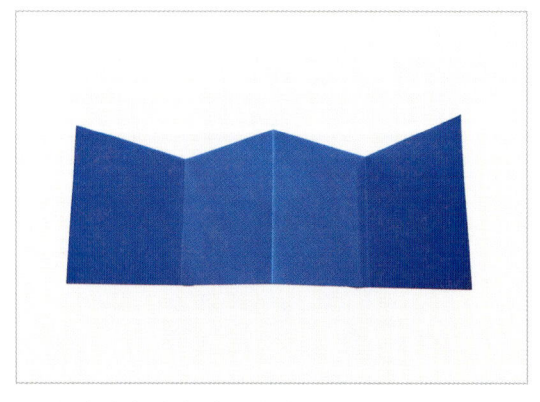

10 | 사진과 같이 아코디언 모양으로 접어요.

11 모서리를 잘라 내어 모양을 만들어요.

12 만들어 놓은 책의 첫 번째 장의 아래에 한쪽을 먼저 붙여요.

13 나머지 한쪽도 풀칠을 하고, 첫 번째 장의 왼쪽을 덮었다 펼쳐서 붙여요.

14 모양을 낸 색지가 붙은 모양이에요.

Step 2. 책 꾸미기

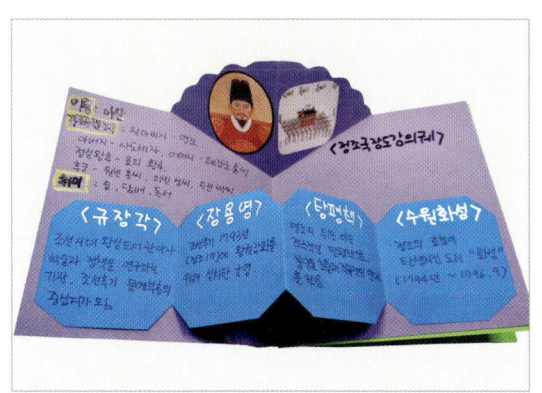

1 첫 번째 장에는 정조에 대한 내용을 정리하고 아코디언 모양 색지에는 정조의 업적을 적어요. 부록 255p

2 두 번째 장에는 수원 화성에 대한 내용을 적어요. 부록 255p

3 표지가 될 머메이드지 1장을 준비해요.

4 반으로 접은 다음 만들어 놓은 책을 감싸듯이 붙여요.

5 책의 모양에 맞춰 모서리를 잘라요.

6 한지를 사용하여 표지를 꾸미고 제목을 써서 붙여요.

7 완성된 모양이에요.

완성

03

다산 정약용

간단 네모 팝업북

네모 팝업북은 주변에서 많이 볼 수 있는 도화지, 색종이, A4 색지 등의 재료들로 쉽게 만들 수 있어요. 본 북아트에서 활용된 하트 봉투는 기존의 다른 봉투로 바꿔 사용해도 된답니다. 주제에 따라 네모 팝업 개수는 줄이거나 늘려도 돼요.

만들면서 익히는 역사 이야기

정약용은 조선 후기의 문신이자 유학자이며, 실학자의 대표적 인물로 호는 다산이에요. 정조의 신임을 얻어 여러 관직을 거쳤으나, 정조가 죽은 이후 탄압을 받아 전라남도 강진에서 19년 동안의 오랜 유배 생활을 했어요. 그는 유배 중에도 학문 연구에 전념하여 〈목민심서〉, 〈경세유표〉, 〈흠흠신서〉 등 수많은 저서를 집필하여 실학을 집대성했어요. 마을에서 공동으로 토지를 소유하고 공동으로 경작하여 일한 날짜에 따라 생산물을 분배할 것을 주장하였는데 유배 중 그가 아들에게 보낸 편지를 통해 실학자로서의 면모를 살필 수 있어요.

 8절 색상지 1장, A4 사이즈 컬러용지 1장, 색종이 2장, 사진 꾸밈용 색지 약간, 표지용 색지(27cmX8cm) 2장, 도일리 페이퍼 2장, 소제목용 견출지 5장

Step 1. 책 만들기

1 8절 색상지를 반으로 접어요.

2 A4 사이즈 컬러 용지를 반으로 접어요.

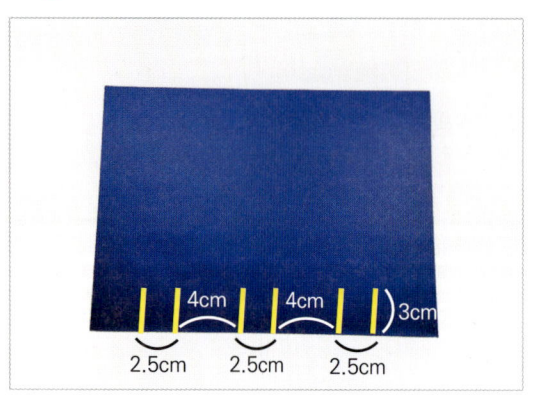

3 접힌 부분에 너비 2.5cm, 깊이 3cm의 가위집을 4cm 간격으로 3개 만들어요.

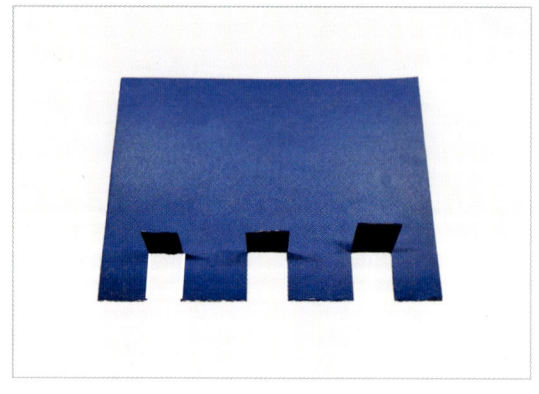

4 앞뒤로 한 번씩 접어요.

5 밖에서 안으로 밀어 넣어 팝업을 만들어요.

6 컬러 용지를 8절 색상지의 안쪽 가운데 접은 선을 맞추어 붙여요.

7 | 색종이 2장을 준비해요.

8 | 반으로 접어요.

9 | 하트모양으로 오려요.

10 | 뒤집은 뒤 양쪽을 접어요.

11 | 반으로 접어요.

12 봉투 모양이 되었어요. 봉투 2개를 만들어요.

13 만들어 놓은 책의 아랫부분에 붙여요.

14 도일리 페이퍼 2장을 준비해요.

15 도일리 페이퍼를 반으로 자른 뒤, 책의 위쪽에 붙여 꾸며요.

Step 2. 책 꾸미기

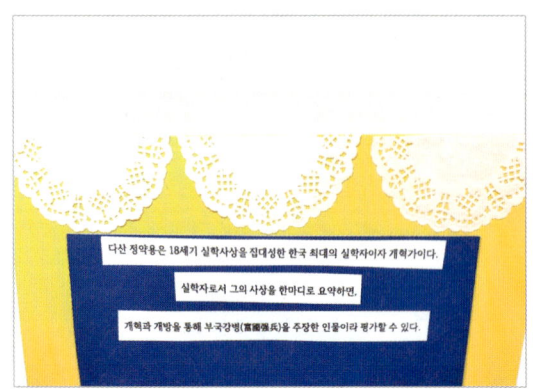

1 윗부분에는 정약용과 관련된 내용을 정리해요.

2 팝업 부분에는 사진 자료를 붙이고 그 아래에는 사진 자료에 대한 설명을 적어요.

부록 257p

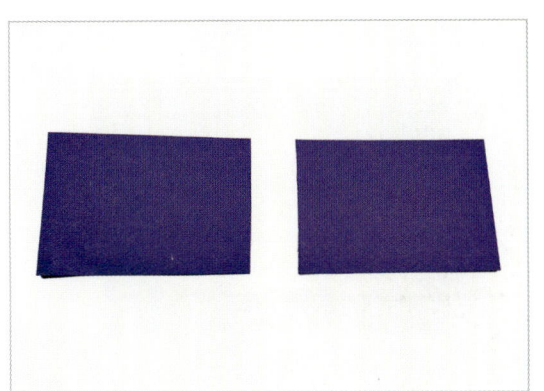

3 색지 2장을 준비해요.

4 앞면에는 정약용의 저서 사진을 붙여요.
부록 257p

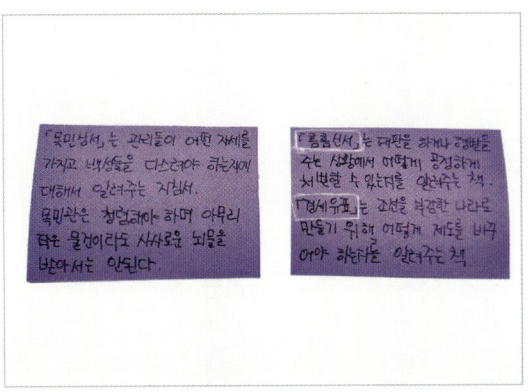

5 뒷면에는 저서에 대한 설명을 적어요.

6 하트 봉투에 넣어 주세요.

7 속지 꾸미기 완성이에요.

8 표지용 색지 2장을 준비해요.

9 표지용 색지를 사용해서 표지를 꾸며요.

10 제목을 쓰면 완성이에요.

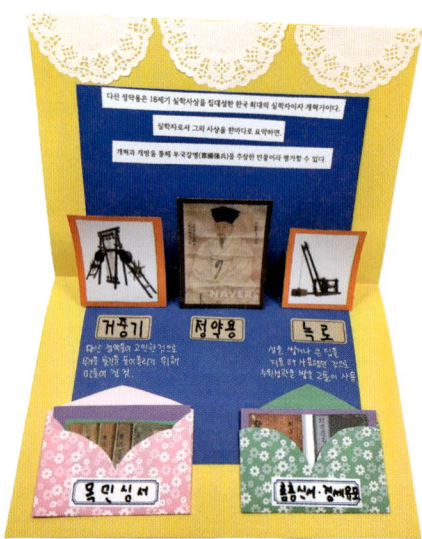

04
조선의 실학자들

포켓북

포켓북은 주제에 대한 내용을 열거할 때 유용한 기법이에요. 제목은 아래쪽에, 내용은 카드에 쓰면 된답니다. 카드에 써야 할 내용이 많으면 뒷면도 활용할 수 있어요.

만들면서 익히는 역사 이야기

17~18세기 사회적·경제적 변화 속에서 조선에는 여러 가지 폐해가 나타났어요. 그러나 당시 통치 이념이었던 성리학은 이론과 학설에 치우쳐 현실 사회의 문제를 해결하지 못했어요. 이에 일부 학자들이 실용적이고 실증적인 방법으로 학문을 연구하는 과정에서 '실제로 활용되는 학문'이라는 뜻의 '실학'이 등장했어요. 대표적 실학자인 박지원은 수레와 선박, 화폐를 이용하여 상공업을 진흥해야 한다고 했고, 홍대용은 기술을 혁신하고 중국 중심의 세계관에서 벗어날 것을 주장했어요. 유형원은 〈반계수록〉에서 노비 제도를 비판했어요.

준비물

8절 색상지 1장, 소제목용 색지(9x9cm) 2장, 카드용 색지(9x16cm) 4장, 표지용 타공지(9x16cm) 2장, 여밈용 리본 50cm 1줄, 꾸밈용 스티커 약간

Step 1. 책 만들기

1 8절 색상지를 W 모양으로 접어요.

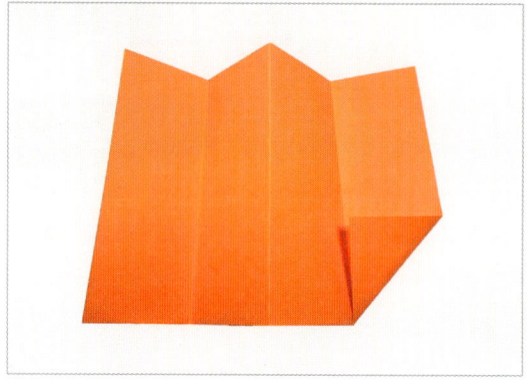

2 아래쪽 구석의 한 칸을 세모 모양으로 접어요.

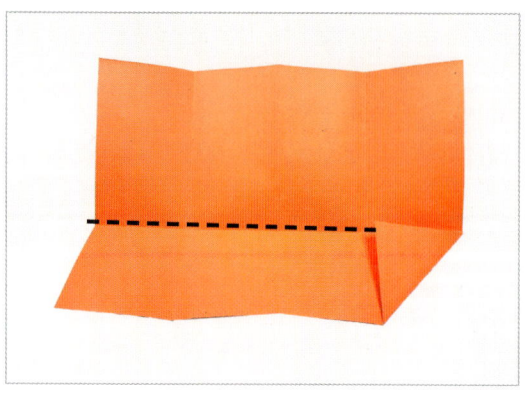

3 세모 모양으로 접은 끝 선을 기준으로 접어 올렸다 펼쳐요.

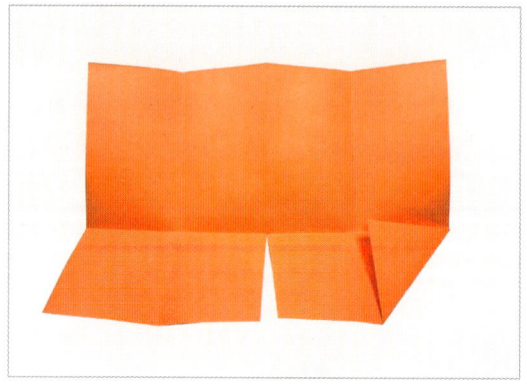

4 가운데에 가위집을 만들어요.

5 아랫부분을 모두 세모 모양이 되도록 접어요.

6 세모 모양으로 접은 두 부분을 위로 접어 올려요.

7 | W 모양이 되도록 접어요.

8 | 색지 2장을 준비해서 대각선으로 잘라 세모 모양 4개를 만들어요.

9 | 책의 아랫부분 세모 모양에 맞도록 붙여요.

10 | 색지 4장을 포켓(주머니) 부분에 넣어요.

Step 2. 책 꾸미기

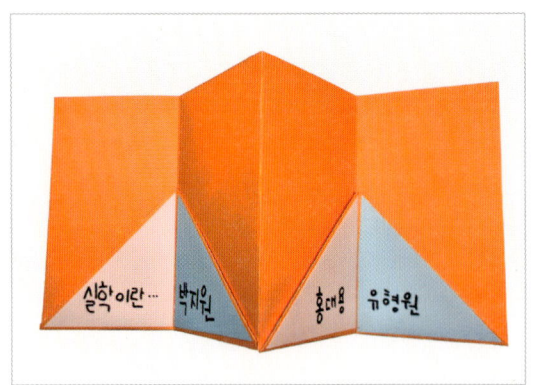

1. 아래의 세모 모양에는 제목을 써요.

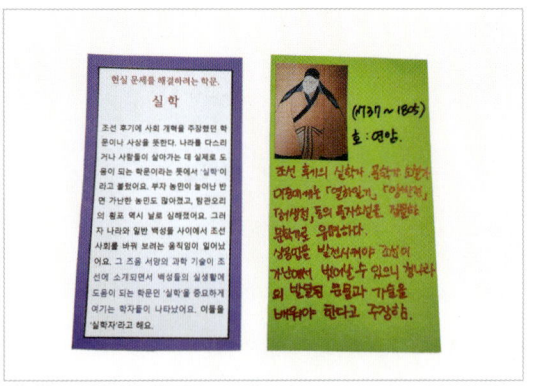

2. 카드에는 제목과 어울리는 내용을 적어요.

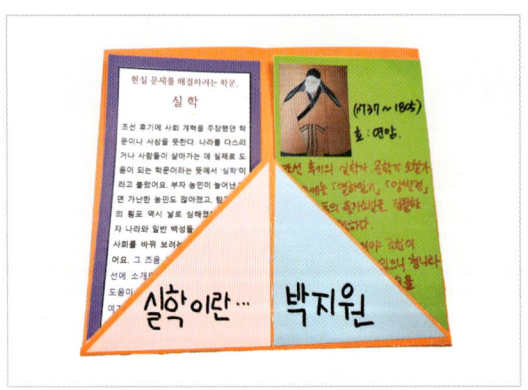

3. 내용을 적은 카드를 제목과 맞춰서 꽂아요.

4. 나머지 2개도 같은 방법으로 해요.

5. 내용이 모두 완성되었어요.

6. 책의 뒷면에 리본의 가운데를 놓고 붙여요.

7 | 그 위에 표지용 타공지 1장을 붙여요.

8 | 책의 앞면에도 표지용 타공지 1장을 붙여요.

9 | 제목을 쓰고 간단히 꾸민 후 리본을 묶어 여미면 완성이에요.

완성

04. 조선의 실학자들 119

05

조선의 화가, 김홍도와 신윤복

부채 팝업 도자도북

부채 팝업 도자도북은 책의 특성상 내용을 먼저 적은 뒤 책을 완성해야 해요. 부채 팝업에 붙인 색지의 개수는 더 많거나 적어도 되고 크기도 다르게 하면 더 재미있는 북아트 책이 될 수 있어요. 본 책에서처럼 부채 팝업책 2개를 만들어서 도자도 형태로 만들어도 되고 같은 방향으로 연속해서 붙여도 좋아요. 1개만으로도 충분히 북아트 책의 역할을 할 수 있어요.

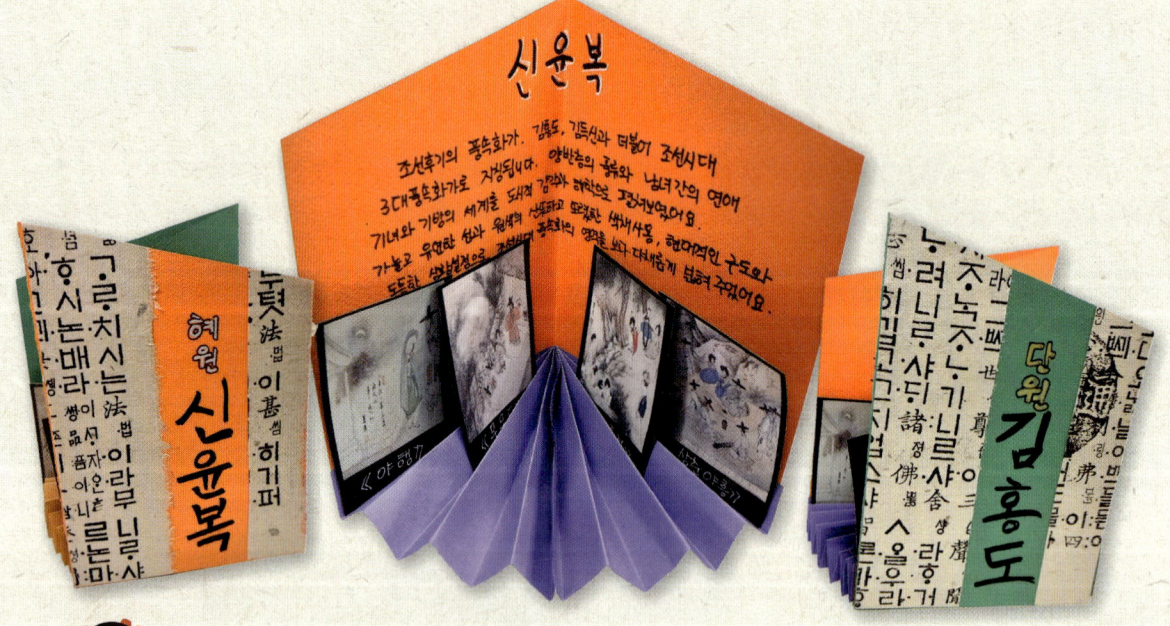

만들면서 익히는 역사 이야기

김홍도와 신윤복은 도화서의 선후배이면서 스승과 제자였고, 친구이기도 했어요. 김홍도와 신윤복 모두 풍속화를 그리는 화가이지만 그림은 여러 면에서 큰 차이를 보였어요. 〈씨름〉, 〈서당〉, 〈벼타작〉 등을 그린 김홍도는 화원 출신으로 정조 어진을 비롯해 많은 기록화와 산수화를 그렸고 간결하고 소박한 필치로 서민들이 살아가는 모습을 정감 있게 표현했어요. 신윤복도 김홍도와 같은 화원 출신이지만, 김홍도와는 달리 〈미인도〉, 〈월하정인〉, 〈단오풍정〉 등 도회지의 남녀 사이의 애정을 표현한 그림을 그리는 등 주로 양반들의 풍류와 부녀자들의 생활 모습을 세련된 필치로 그렸어요.

A4 머메이드지 2장, A4 컬러 용지 2장, 색지(6.5x10cm) 8장, 표지 꾸미기용 한지

Step 1. 책 만들기

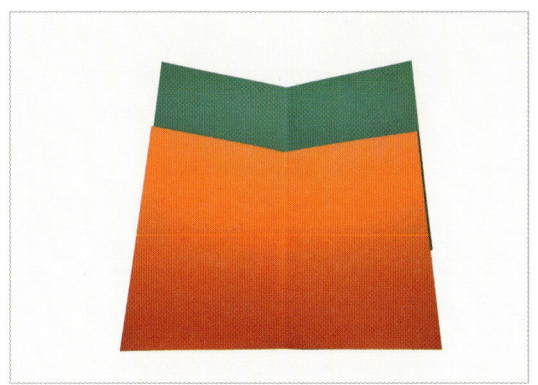

1. A4 머메이드지 2장을 가로로 길게 겹쳐 놓고 가로로 반 접어요.

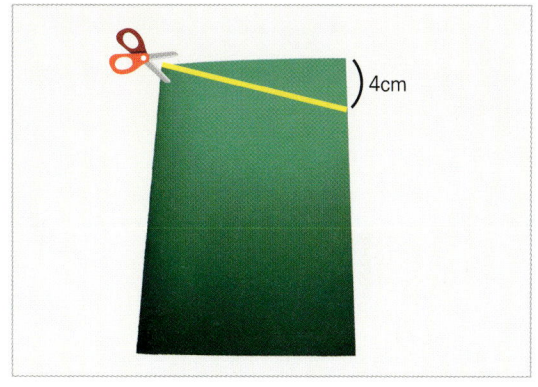

2. 반으로 접은 상태에서 닫힌 쪽에서 열리는 쪽 4cm 아래까지 사선으로 잘라요.

3. 머메이드지 2장 모두 같은 방법으로 잘라요.

4. A4 컬러 용지 2장을 준비해요.

5. 컬러 용지 1장을 먼저 반으로 접어요.

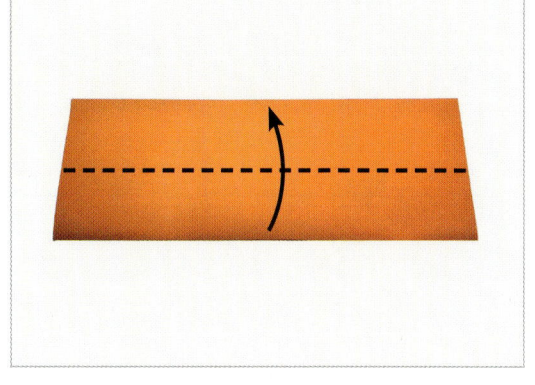

6. 연속해서 2번을 더 접어요.

05. 조선의 화가, 김홍도와 신윤복 121

7 | 접은 용지를 다시 펼쳐서 부채접기해요.

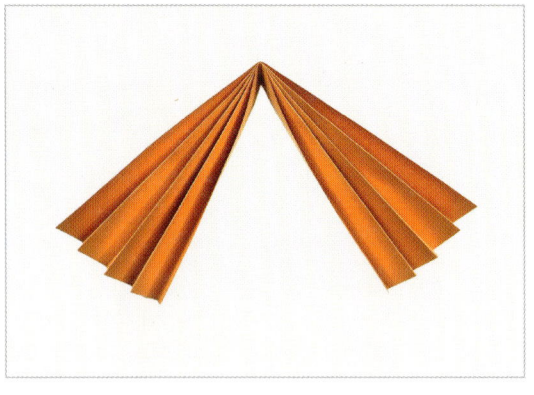

8 | 반으로 접어요.

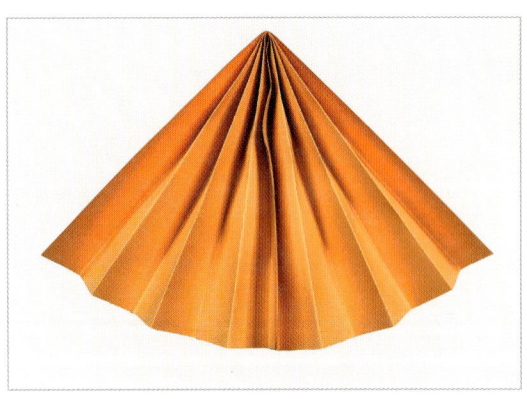

9 | 가운데를 풀로 붙여요.

10 | 나머지 1장도 같은 방법으로 만들어요.

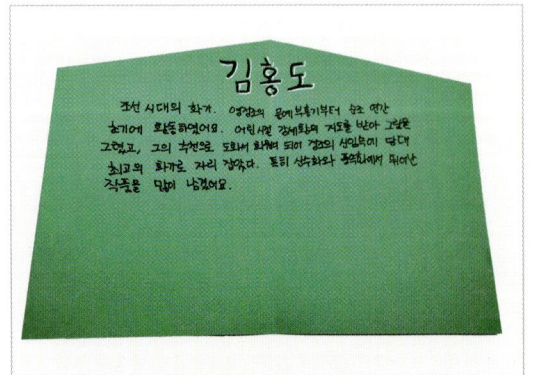

11 | 머메이드지 위쪽에 김홍도에 대한 내용을 적어요.

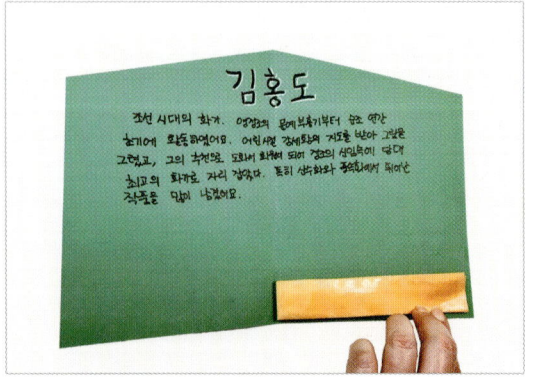

12 | 그 아래에 부채접기해 놓은 색지를 한쪽만 먼저 붙여요.

13 색지 윗면에 풀칠을 하고 반대쪽 페이지를 덮었다 펴서 반대쪽에도 붙여요.

14 나머지 하나에도 먼저 신윤복에 대한 내용을 정리하고 아래에 부채접기한 색지를 12~13번 과정대로 붙여요.

15 2개 모두 완성된 모양이에요.

16 색지 8장을 준비해요.

17 그 위에 김홍도와 신윤복의 그림을 인터넷 등에서 출력하여 붙이고 제목을 적어요. 부록 259p

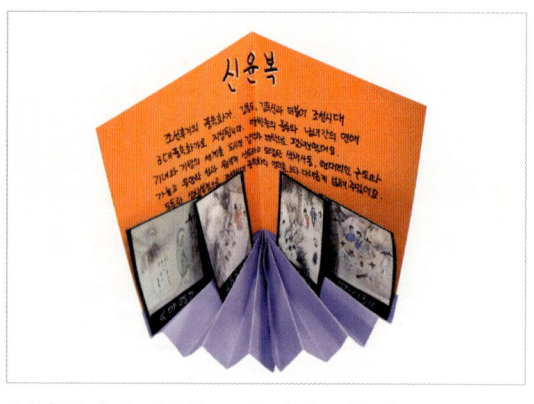

18 김홍도 그림을 붙인 색지를 부채접기한 색지의 사이사이에 붙여요.

19 똑같이 신윤복 그림 색지도 붙여요.

20 내용을 모두 적은 책을 책등이 서로 엇갈리게 붙여요.

21 위에서 본 모양이에요.

22 꾸미기 한지를 준비해서 표지를 꾸며요.

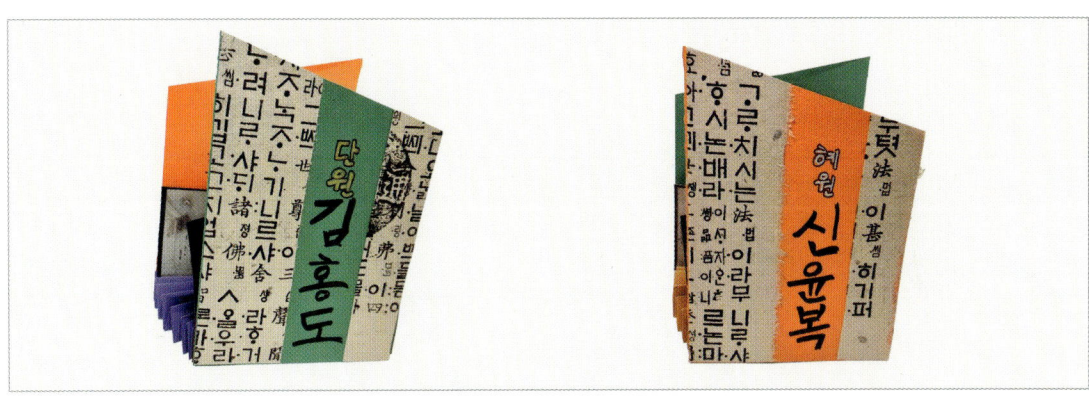

23 앞뒤 모두 제목을 쓰면 완성이에요.

05. 조선의 화가, 김홍도와 신윤복

06

김정호와 대동여지도

스탠딩 팝업북

스탠딩 팝업북은 두 종류의 팝업을 이용하여 한 장의 종이가 책을 펼침과 동시에 세워지는 책이에요. 스탠딩 팝업의 구멍에 끼워지는 색지는 네모 모양으로 정해진 것이 아니니 주제에 따라 다양한 모양으로도 가능해요. 구멍을 만드는 것만 부모님이 도와주시면 저학년과 활용하기에도 효과적이에요. 구멍의 크기가 좁을수록 팝업이 곧게 서 있게 돼요.

만들면서 익히는 역사 이야기

조선 후기의 지리학자인 김정호(호는 고산자)는 조선 철종 12년(1861)에 27년간 전국의 산맥, 하천, 포구, 도로망 등을 직접 답사하고 실측하여 정밀하게 표시한 우리나라의 대축척 지도인 '대동여지도'를 완성했어요. 대동여지도는 이전까지의 지도 제작 성과를 집약하여 만들었기 때문에 완성도가 뛰어나며, 축척을 사용하여 고을, 도로, 산줄기, 경계 등을 상세히 수록해 우리 국토에 대한 풍부한 지리 지식을 얻을 수 있게 했어요. 대동여지도를 완성한 김정호는 '대동지지'라는 지리책도 썼어요.

4절 머메이드지 1/2 1장, 스탠딩 속지용 머메이드지(9x19cm) 1장, 팝업용 색지(29.5x13.5cm) 1장, 표지 꾸밈용 색지 약간

Step 1. 책 만들기

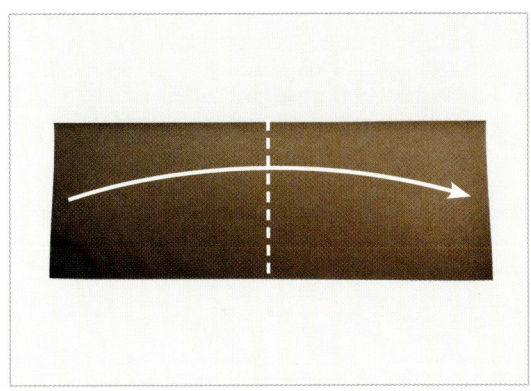

1 길게 반으로 자른 4절 머메이드지를 반으로 접어요.

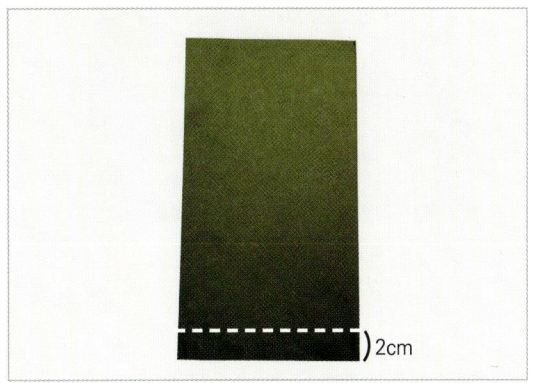

2 스탠딩 속지용 머메이드지를 준비해 아래 2cm를 접어요.

3 2에서 접은 부분에 풀칠을 하고, 접은 선과 표지의 가운데 접은 선을 맞춰서 붙여요.

4 팝업용 긴 색지 1장을 준비해요.

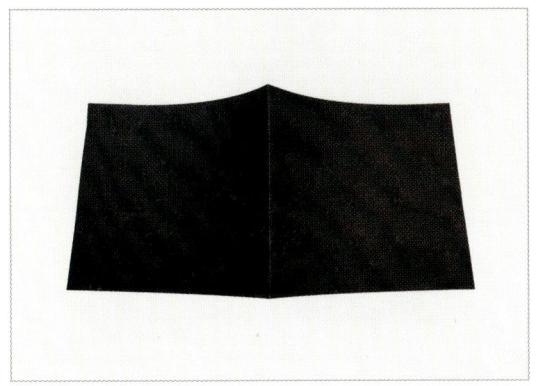

5 가로로 반 접어요.

6 W 모양이 되도록 접어요.

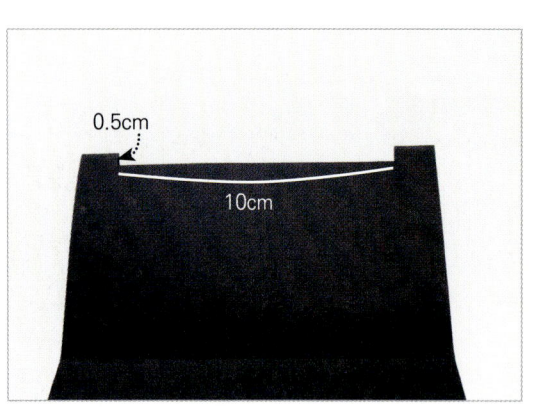

7 │ 색지를 전부 펼치고, 다시 반으로 접은 후 정 가운데의 접힌 부분을 사진과 같이 홈을 내어 잘라요.

8 │ 펼쳤을 때 가운데에 홈이 생기면 돼요.

9 │ 8의 홈에 3의 머메이드지를 끼워요.

10 │ 9의 색지를 한쪽으로 접은 다음 제일 밑면에 풀칠을 해서 붙여요.

11 │ 반대쪽 면도 풀칠하여 맞은편 페이지에 붙이면 접었다 폈을 때 머메이드지가 들어갔다 나왔다 해요.

Step 2. 책 꾸미기

1. 가운데 머메이드지에 대동여지도 그림을 붙여요. 부록 261p

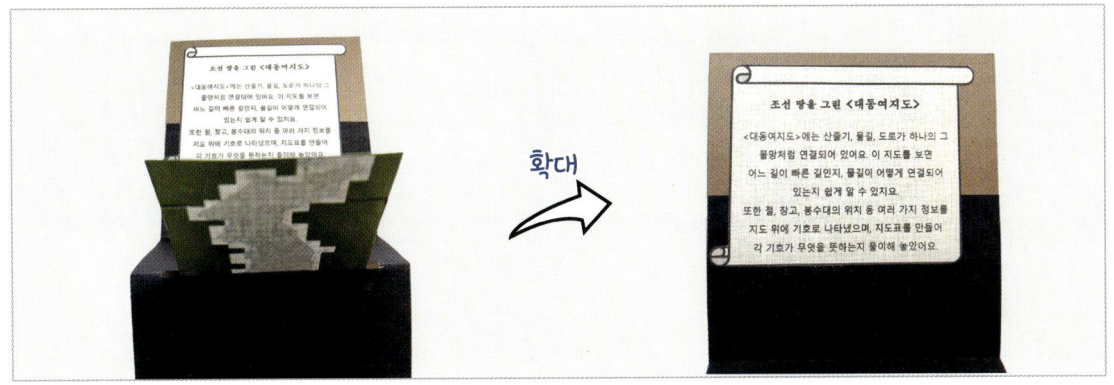

2. 책의 위쪽에 대동여지도에 대한 설명을 정리해요.

3. 아래쪽에는 김정호에 대한 내용을 정리해요.

4. 표지를 꾸미고 제목을 쓰면 완성이에요.

07

백성들이 즐긴 서민 문화

카메라책

카메라책은 모양의 특성상 역사 주제뿐 아니라 여행이나 체험 학습을 다녀온 후에 사진이나 팸플릿, 입장권 등을 활용하여 만들어도 좋아요. 표지는 각자의 마음에 들게 카메라처럼 꾸며 주면 돼요. 띠 골판지로 만든 원의 크기도 띠 골판지 개수를 많거나 적게 하면 크기 조절이 가능해요.

만들면서 익히는 역사 이야기

조선 후기에 농업과 상업, 수공업이 발달하자 사회적·경제적 변화 속에서 경제적으로 여유가 생긴 중인, 상민이 늘어났어요. 이들이 문학과 예술에 관심을 가지고 놀이나 그림 그리기 등 자신들만의 문화를 즐기기 시작하면서, 문화의 수요층이 양반에서 서민층까지 확대되었지요. 또한 각 고을에 서당이 많이 생겨나 글자를 읽고 쓸 줄 아는 백성들이 늘면서 한글 소설과 사설시조 같은 문학이 발달하였어요. 또한 서민 의식이 성장함에 따라 이름 없는 화가들이 그린 건강과 행복을 비는 그림인 민화나 북장단에 맞춰 노래와 이야기를 하는 판소리, 양반들을 골탕 먹이는 내용이 많은 탈놀이 등 '서민 문화'가 발달했어요.

4절 색상지 1/2 1장, 표지 꾸밈용 색지(4.5x4.5cm) 2장, 지름 9cm의 원 모양 색지 1장, 띠 골판지 5장, 속지용 색지(12.5x13.5cm) 2장, 밸크로 1쌍

Step 1. 책 만들기

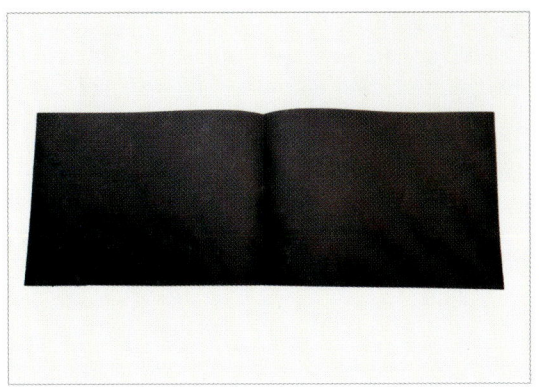

1 길게 반절한 4절 색상지를 반으로 접었다 펴요.

2 대문접기를 해요.

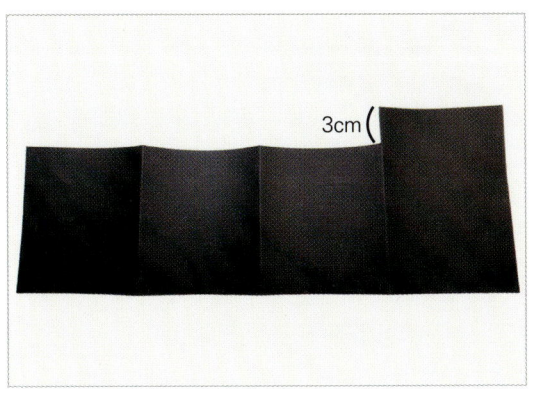

3 펼친 후 첫 3칸의 윗부분을 3cm씩 잘라내요.

4 나머지 한 칸 위쪽을 카메라 셔터 모양으로 잘라내요.

5 그 위에 색지를 모양에 맞게 오려서 붙여요.

6 표지 꾸밈용 색지 2장을 대각선으로 접어 하트 모양으로 잘라요.

7 오려 놓은 하트모양을 카메라북 표지의 사방에 붙여요.

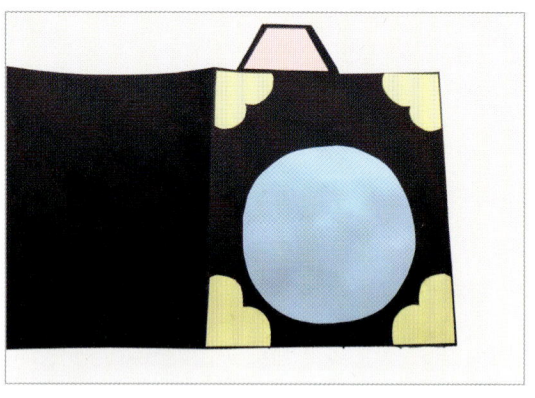

8 색지로 지름 9cm의 원을 오려 가운데에 붙여요.

9 띠 골판지 4개 중 1개를 한쪽 끝에서부터 풀칠하면서 동그랗게 말아요.

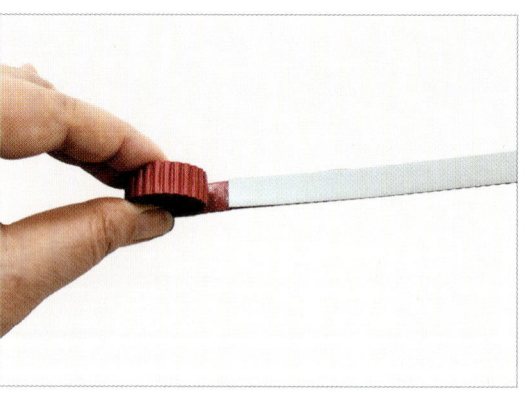

10 말아 둔 띠 골판지의 끝에 풀칠해서 또 다른 띠 골판지를 연결해 말아요.

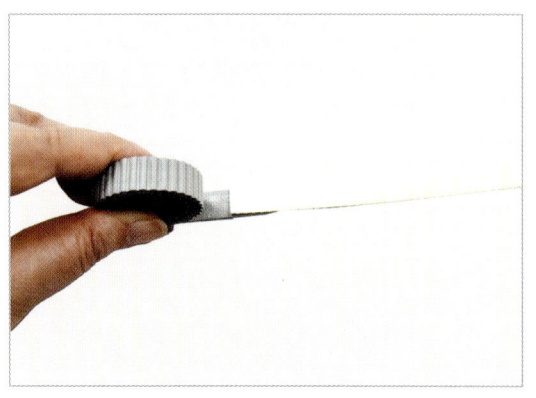

11 같은 방법으로 세 번째 띠 골판지를 말아요.

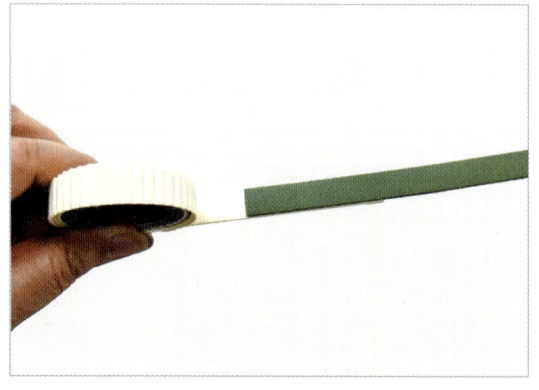

12 네 번째 띠 골판지도 이어 붙이며 말아요.

13 4개의 띠 골판지가 모두 말아진 모양이에요.

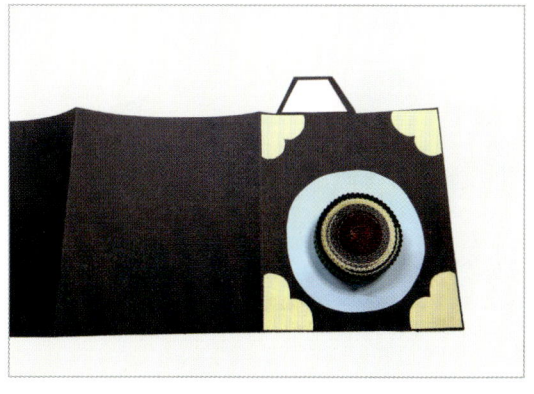

14 카메라 표지의 동그라미 가운데에 붙여요.

15 속지용 색지 2장을 카메라책 안쪽에 붙여요.

Step 2. 책 꾸미기

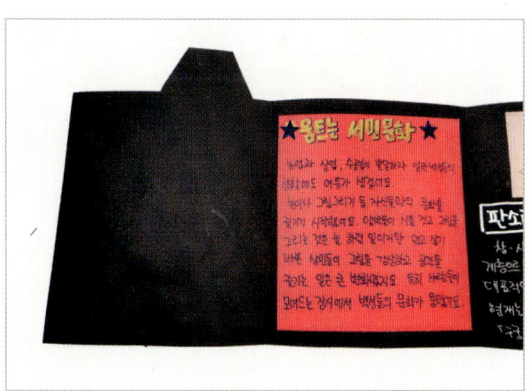

1 색지를 붙인 부분부터 내용을 적어요.

2 이어서 3칸에 모두 서민 문화 관련 내용을 적어요.

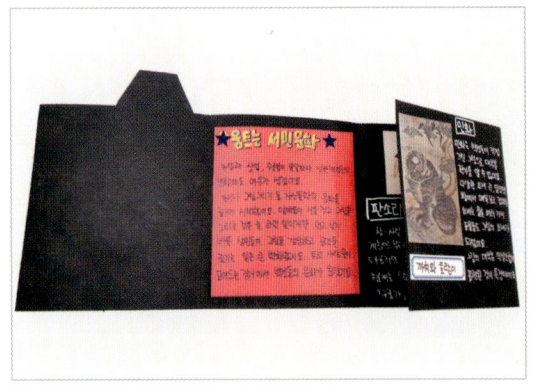

3 | 마지막 장을 접고 그 위에도 내용을 적어요.
부록 263p

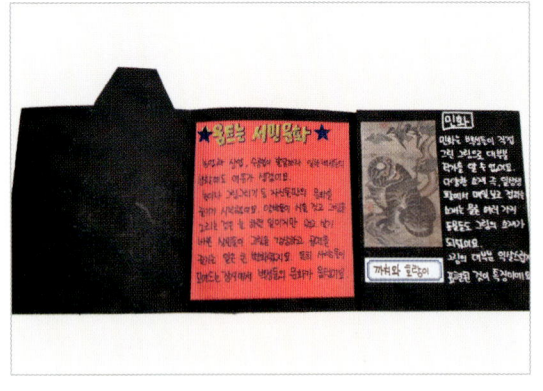

4 | 주제 관련 내용을 4칸에 모두 적었어요.

5 | 한 번 더 접어요.

6 | 위아래에 띠 골판지로 꾸며요.

7 | 밸크로를 붙여 책을 여며요.

8 | 표지에 제목을 적어요.

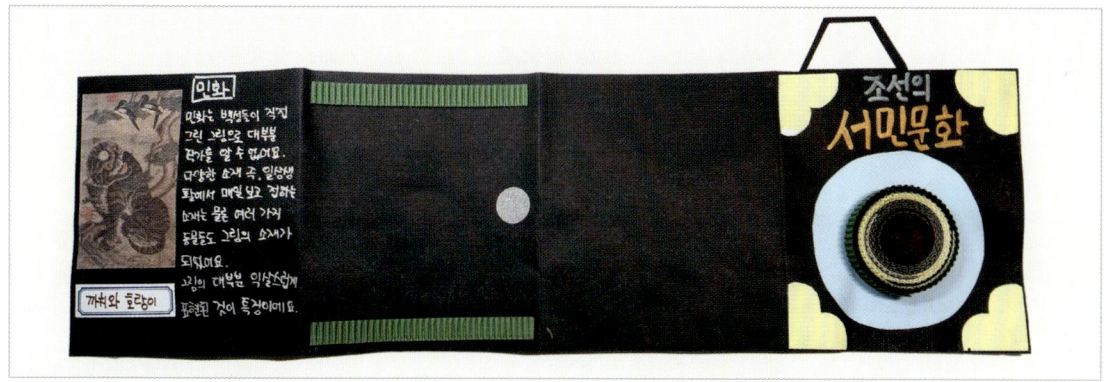

9 모두 완성된 모양이에요.

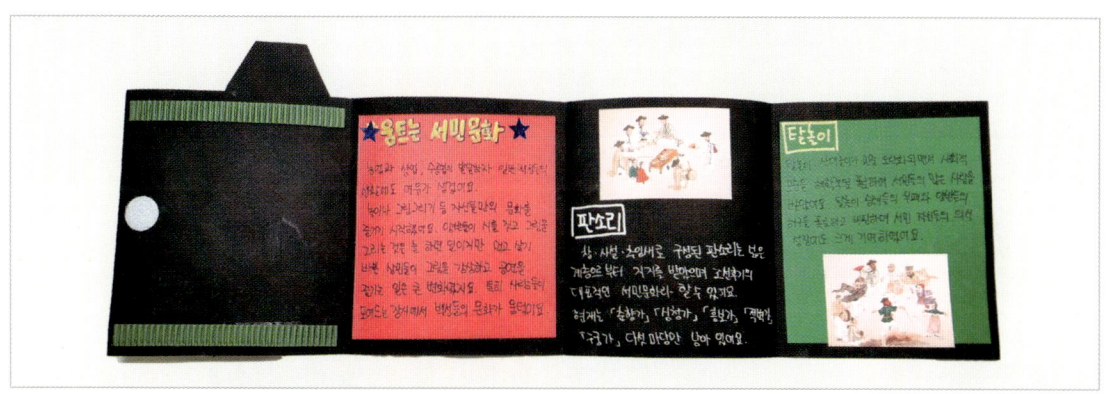

01 여자 거상 김만덕

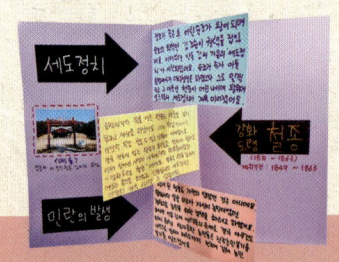
02 강화 도령 철종

03 서학과 서양 문물들

04 동학과 천도교

05 녹두 장군 전봉준

06 조선 후기 여성의 삶

4장

조선 후기의 사회

여자 거상 김만덕

오리가미 양문책

오리가미 양문책은 적은 재료로 간단하게 만들 수 있어서 저학년들과 수업하기 좋아요. 여밈 작업은 꼭 하지 않아도 돼요. 도일리 페이퍼는 다른 모양으로 변경해도 된답니다.

만들면서 익히는 역사 이야기

김만덕은 조선의 대표적인 여성 사회 활동가예요. 어릴 때 부모님을 여의고 기녀의 수양딸로 들어간 김만덕은 제주도에 객주를 차리고 제주 특산물을 육지에 팔면서 양반층 부녀자의 옷감, 장신구, 화장품 등을 공급했어요. 이러한 상업 활동을 통해 김만덕은 많은 재산을 모았는데, 어느 해, 제주도에 극심한 흉년이 들자 전 재산을 털어 백성들에게 식량을 나눠주는 구휼 활동을 했답니다. 만덕의 선행은 정조에게 알려졌고, 정조는 이에 감명해 김만덕의 이야기를 담은 작품 〈만덕전〉을 지어 주고 김만덕이 전국을 자유롭게 돌아다닐 수 있도록 배려해 주었답니다.

준비물
4절 색상지 1/2 1장, 속지용 색지(13x13cm) 2장, 도일리 페이퍼 1장, 여밈용 종이 약간, 꾸밈용 스티커 약간

Step 1. 책 만들기

1. 길게 반절한 4절 색상지 1장을 반으로 접었다 펼쳐요.

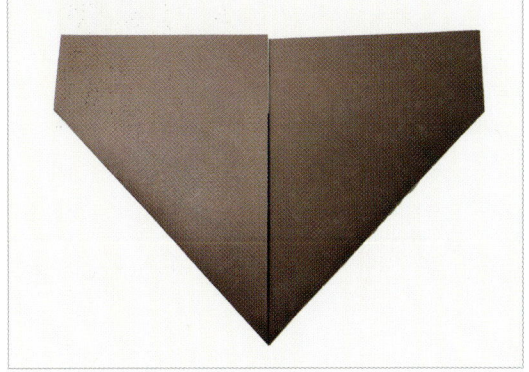

2. 가운데 접은 선을 중심으로 양쪽을 위로 올려 접었다 펴요.

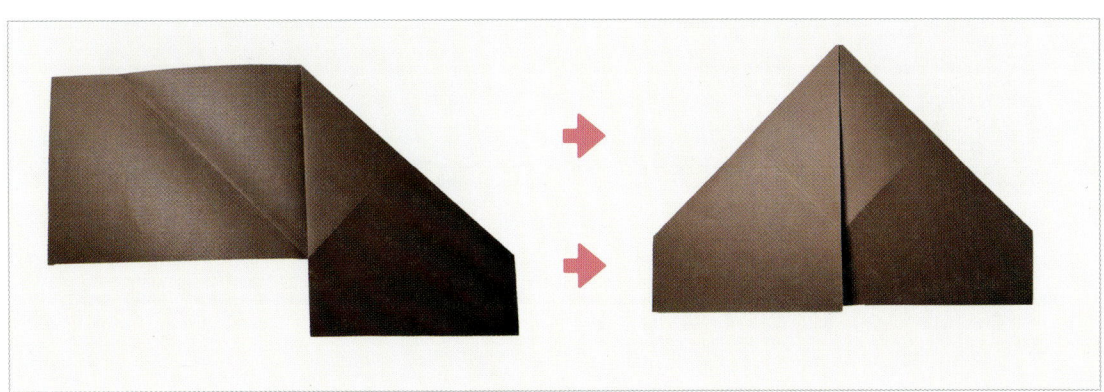

3. 이번에는 가운데 접은 선을 중심으로 아래쪽으로 접어요.

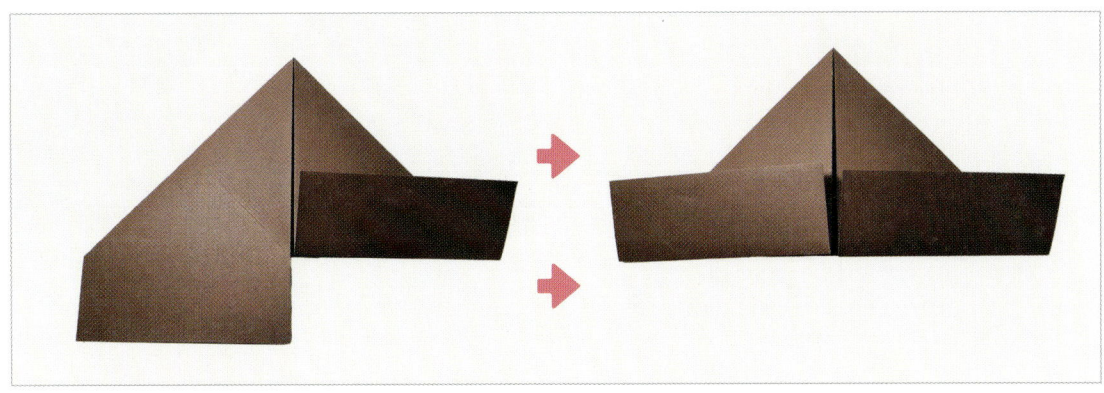

4. 아래쪽 끝부분을 겹쳐진 종이에 맞춰 사진과 같이 접고, 전부 펼쳐요.

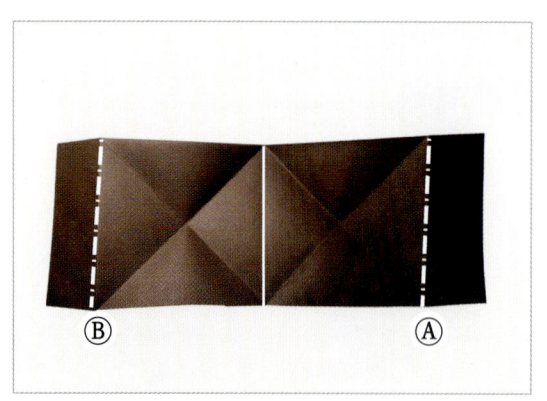
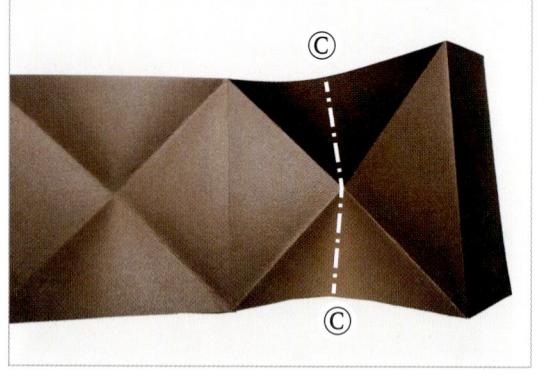

5 Ⓐ와 Ⓑ를 중심선까지 접되, Ⓒ가 안으로 들어간 삼각주머니 모양이 되도록 접어요.

6 왼쪽 날개 부분도 5에서 설명한 대로 접어요.

7 기본 책 모양이 완성되었어요.

8 색지 1장을 기본책의 가운데에 마름모 모양으로 붙여요.

9 색지 1장을 더 준비해서 대각선으로 잘라 세모 모양 색지 2장을 만들어요.

10 양쪽 삼각형에 한 장씩 붙여요.

11 색지를 모두 붙여 완성된 모양이에요.

Step 2. 책 꾸미기

 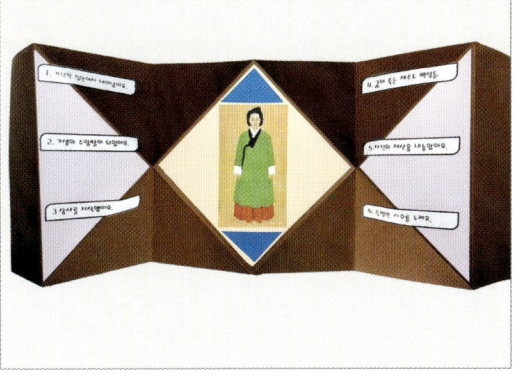

1 김만덕 사진을 가운데에 붙이고 꾸며요.
부록 263p

2 그 양쪽에 김만덕에 대한 소제목을 적어요.

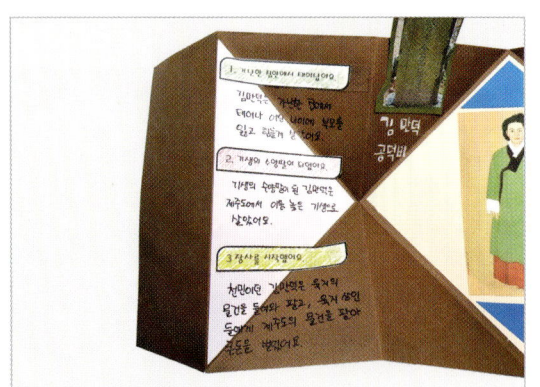

3 소제목에 맞는 내용을 채워요.

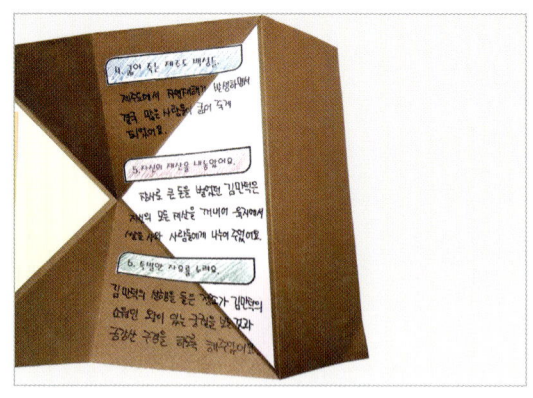

4 관련 사진을 붙여요.

5 내용이 모두 작성되어 완성되었어요.

6 하트 모양 도일리 페이퍼 1장을 준비해요.

7 가운데를 잘라서 표지 양쪽에 붙여요.

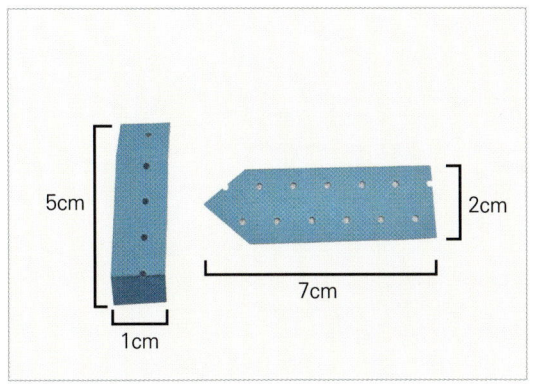

8 여밈용 종이를 준비해요.

9 직사각형 종이의 위아래를 1cm씩 접어요.

10 접은 부분에 풀칠해 왼쪽에 세로 방향으로 붙이고 나머지 색지를 반대편에 붙여 끼워요.

11 제목을 쓰거나 붙인 다음, 스티커를 이용하여 꾸미면 완성이에요.

강화 도령 철종

3단 교차 깃발북

깃발북은 아코디언접기를 한 종이가 깃발 지지대가 되고 여기에 종이 카드들을 깃발과 같이 붙여 만드는 책이에요. 책을 펼쳤을 때 깃발이 펼쳐지면서 입체적으로 보여요. 카드의 개수는 주제에 따라 조절할 수 있어요. 카드 부분에 그림이나 사진을 붙이고 그 옆에 설명을 써도 좋아요. 표지에 꾸며진 리본은 일반 풀로도 잘 붙기 때문에 양면테이프를 사용하지 않아도 돼요.

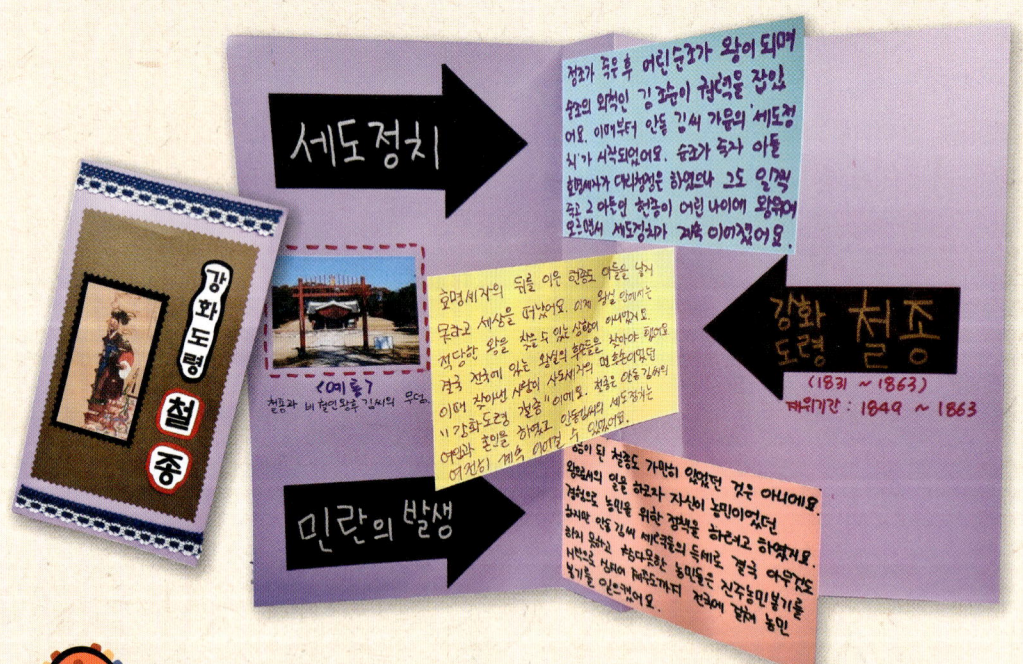

만들면서 익히는 역사 이야기

철종은 조선 왕조 제 25대 왕이에요. 1844년에 가족과 함께 강화도에 유배되었다가 1849년 궁중에 들어와 헌종의 뒤를 이어 즉위했어요. 철종은 1852년부터 친정을 시작했으나 강화도에서 농사를 지으며 촌부와 다름없이 살았었기에 정치에 어두웠어요. 게다가 이때는 외척인 안동 김씨 세력으로 인해 삼정의 문란이 극에 달했던 시기였지요. 결국 철종은 세도 정치의 소용돌이 속에서 여색에 빠져 정치를 바로잡지 못한 채 병사했어요. 지금도 강화도에 가면 철종이 지냈던 생가가 남아 있답니다.

8절 색상지 1장, 카드용 색지(8x14cm) 3장, 소제목용 색지(7x12cm) 3장, 꾸밈용 리본, 표지용 머메이드지(14x21cm) 1장, 꾸밈용 종이 약간

Step 1. 책 만들기

1 | 8절 색상지를 준비해 반으로 접어요.

2 | 접힌 쪽을 4cm 정도 접어요.

3 | 접은 선을 기준으로 사진과 같은 모양이 되도록 다시 접어요.

4 | 카드용 색지 3장을 준비해요.

5 | 튀어나온 가운데 부분의 왼쪽 면 위아래에 색지 2장을 오른쪽으로 향하도록 붙여요.

6 | 나머지 한 장은 반대편에서 왼쪽으로 향하도록 붙여요.

7 색지가 모두 붙은 모양이에요.

8 소제목용 색지 3장을 더 준비해요.

9 3장을 모두 같은 화살표 모양으로 잘라요.

10 만들어 놓은 책의 양옆에 사진과 같이 붙여요.

Step 2. 책 꾸미기

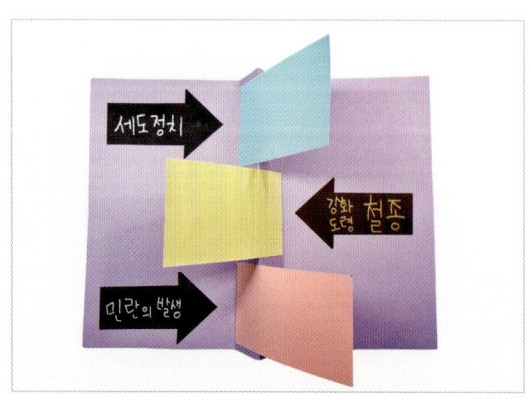

1 화살표 부분에 강화 도령 철종 관련 소제목을 적어요.

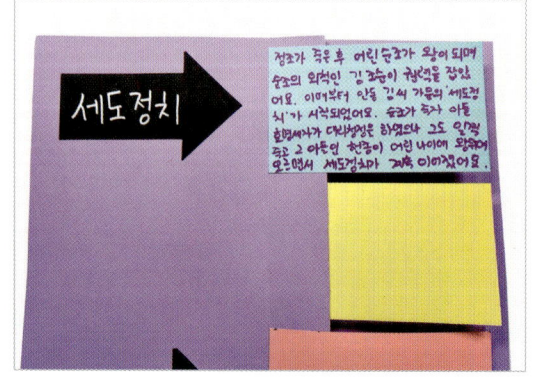

2 소제목에 맞는 내용을 카드에 적어요.

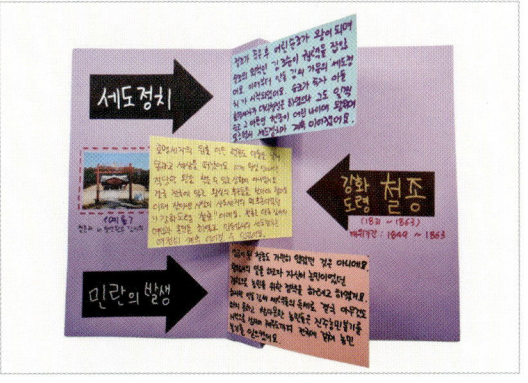

3 | 두 번째 카드도 같은 방법으로 작성해요.

4 | 내용이 모두 작성된 모양이에요.

5 | 리본을 표지의 위아래에 붙여요.

6 | 머메이드지 1장을 준비해서 표지에 붙인 후 사진과 제목을 쓰면 완성이에요. 부록 265p

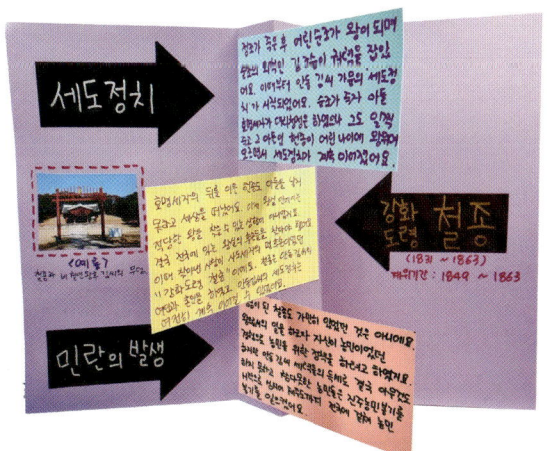

02. 강화 도령 철종 147

03 서학과 서양 문물들

삼각주머니 접기책

종이접기 기법의 하나인 삼각주머니 접기를 기본으로 하여 책을 만드는 방법이에요. 아이스크림 막대는 얇은 것과 굵은 것 두 종류 모두 사용 가능해요. 제목을 적은 스티커 색종이 대신 일반 색지를 사용하여 풀로 붙여도 된답니다. 밖에는 그림을, 안에는 그림에 대한 설명을 적어도 좋아요. 위와 아래의 내용이 서로 관계 있는 것도 좋지만 반대되는 2가지를 적는 것도 좋은 방법이에요.

만들면서 익히는 역사 이야기

조선 중기 이후 사신들은 청나라에서 만난 서양의 선교사들을 통해 천주교를 받아들였어요. 천주교는 천문학, 지리학, 수학 등 서양의 과학 기술과 함께 서학(서양의 학문)이라고 불렸어요. 사신들은 서학에 관련된 책을 조선에 들여와 연구하기 시작했어요. 이 시기 청나라에는 선교 활동을 하러 온 서양 선교사들이 많이 있었는데, 조선의 사신들은 선교사들이 가져온 신기한 물건과 발달된 과학 기술 등 각종 서양 문물을 접하고 깜짝 놀랐어요. 사신 중 몇몇은 천리경(망원경), 자명종(시계), 곤여만국전도(세계 지도) 등을 조선에 들여왔어요.

 **준비물**
정사각형 색상지(26x26cm) 1장, 속지용 색지(15x15cm) 2장, 아이스크림 막대 2개, 골판지(17x17cm) 1장, 전통 무늬 스티커 색종이 약간

Step 1. 책 만들기

1 정사각형 색상지 1장을 준비해요.

2 대각선으로 접어 세모 모양을 만들어요.

3 종이를 펼치고 반대 방향으로도 접었다 펴요.

4 뒤집어서 네모 모양이 되도록 반으로 접었다 펴요.

5 가운데를 손으로 콕 눌러요.

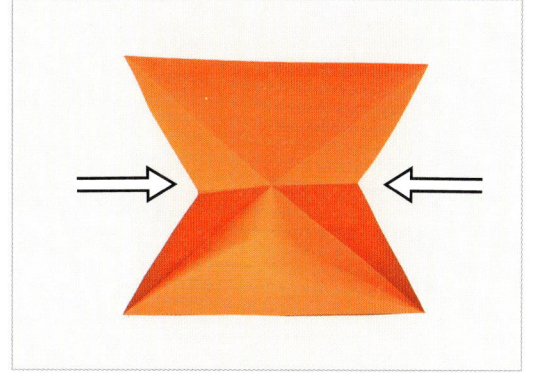

6 양쪽을 가운데로 모아요.

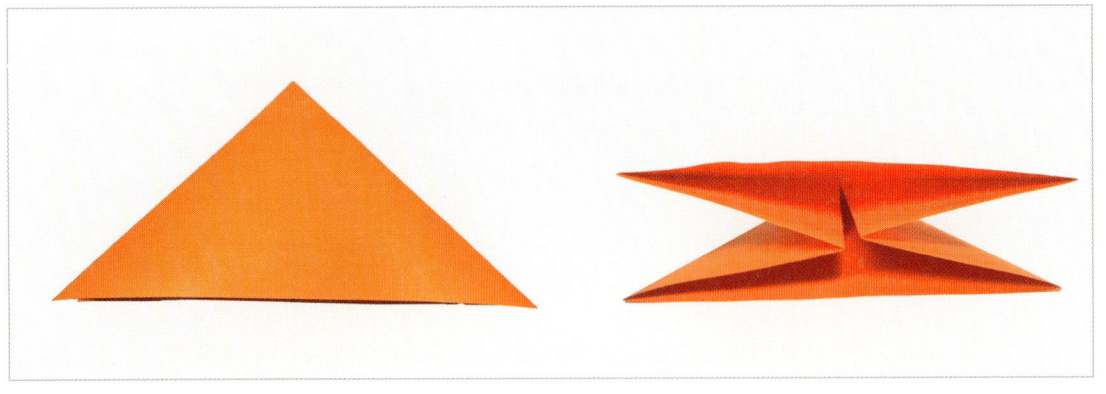

7 | 삼각주머니가 완성되었어요.

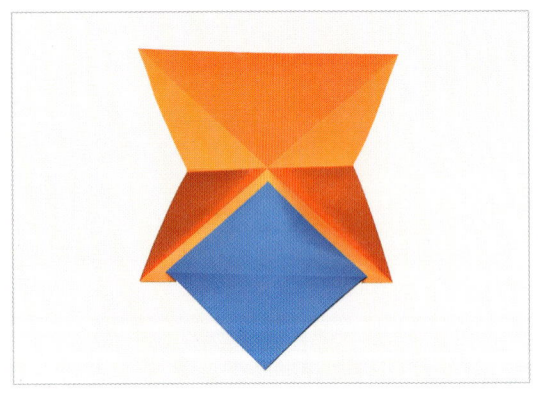

8 | 속지용 색지를 대각선으로 접어 반만큼 풀칠한 뒤 아래쪽에 붙여 위에서 아래로 열리도록 해요.

9 | 다른 한 장은 반으로 접어 위쪽에 붙이고 아래에서 위로 열리도록 해요.

10 | 완성된 모양이에요.

Step 2. 책 꾸미기

1 색지 위에 소제목을 써 붙여요.

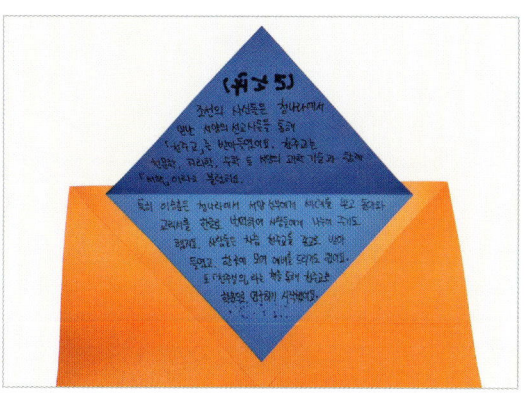

2 안에는 소제목에 대한 내용을 써 넣어요.

3 아래에도 소제목을 써 붙여요.

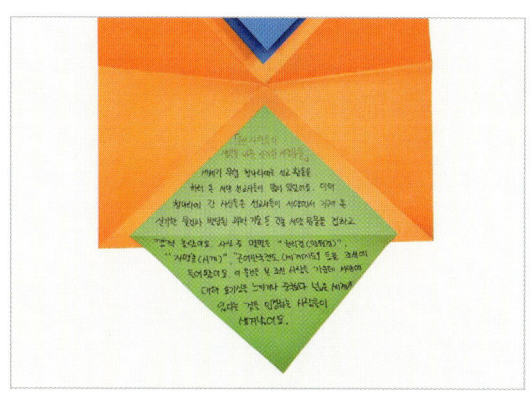

4 안에는 관련된 내용을 채워 넣어요.

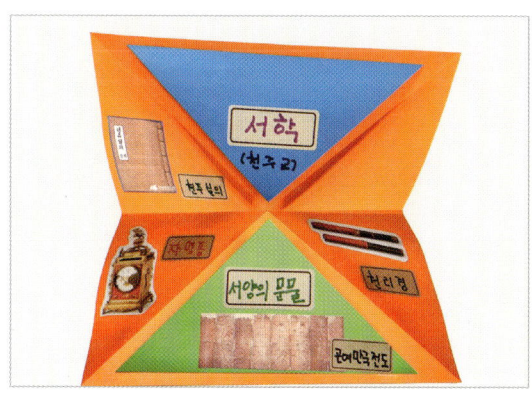

5 각 소제목과 어울리는 그림 자료를 붙이면 속지 완성이에요. 부록 267p

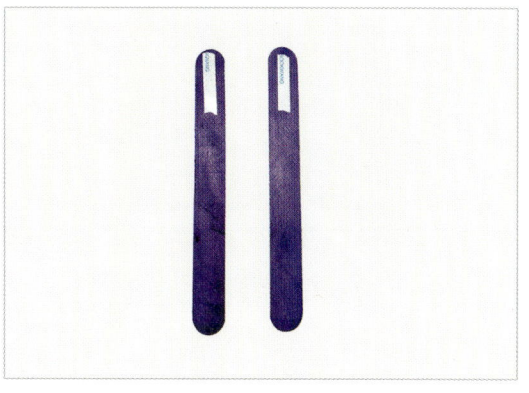

6 아이스크림 막대 2개를 준비해서 위쪽에 양면 테이프를 붙여요.

7 양면테이프를 떼어 완성된 책의 겉면에 앞뒤 모두 붙여요.

8 펼쳤을 때 모양이에요.

9 표지가 될 골판지 1장을 대각선으로 잘라 세모 모양 2개를 만들어요.

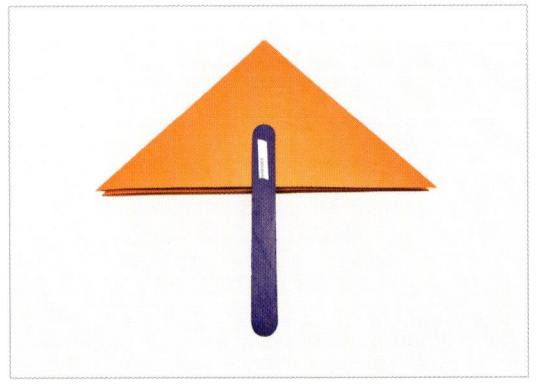

10 붙여 놓은 아이스크림 막대 위에 양면테이프를 붙여요.

11 아이스크림 막대의 양면테이프를 떼고 잘라 놓은 골판지에 풀칠하여 표지에 붙여요.

12 앞뒤 표지 모두 붙인 모양이에요.

13 전통 무늬 스티커 색종이를 준비해요.

14 스티커 색종이에 제목을 적고 오려서 표지에 붙이면 완성이에요.

완성

03. 서학과 서양 문물들

동학과 천도교

층층이 계단북

층층이 계단북은 학교에서도 자주 사용하는 북아트 기법이에요. 리본으로 묶는 부분을 구멍을 내지 않고 스테이플러로 찍어서 사용해도 좋아요. 가운데 겹쳐지는 부분을 사용하지 않으려면 풀로 붙여 주시고, 주제에 따라 내용이 많으면 장수를 늘려 주세요.

만들면서 익히는 역사 이야기

1860년대는 서양 세력의 침략 위협과 천주교와 서양의 학문인 서학의 확산으로 인해, 서양에 대한 위기감이 어느 때보다 고조되던 시기였어요. 이에 최제우는 1860년 우리 것을 지키고 고통 받는 사람들을 구원하기 위하여 우리 민족을 위한 종교인 동학을 창시했어요. 동학은 인내천(人乃天) 사상을 특징으로 해요. 최제우의 뒤를 이어 2대 교주인 최시형이 교단과 교리를 체계화하고 1894년 농민전쟁에 큰 영향을 끼쳤으며 3대 교주인 손병희는 동학의 명칭을 천도교로 바꾸고 민족 운동에 적극 참여하였어요.

준비물

A5 색상지 3장, 타공지(14x4cm) 1장, 여밈용 리본(45cm) 1줄, 꾸밈용 스티커 약간

Step 1. 책 만들기

1. A5 색상지 3장을 준비해요.

2. 2cm 간격으로 계단 모양이 되도록 나란히 놓아요.

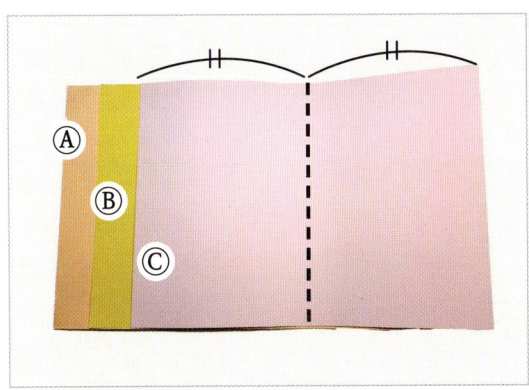

3. 계단 모양이 만들어진 상태에서 ⓒ를 반으로 접어요.

4. ⓒ의 접힌 선에 맞춰 Ⓐ와 Ⓑ도 접어요.

5. 가위를 사용하여 접혀 있는 쪽에 V자로 홈을 2개 내요.

6. 책을 펼쳤을 때 가장 안쪽 종이에도 구멍이 있어야 해요.

7 | 약 45cm 길이의 리본을 안에서 밖으로 통과시켜요.

8 | 바깥에서 리본을 묶어요.

9 | 표지가 될 타공지 1장을 붙여요.

Step 2. 책 꾸미기

1 | 밖에 보이는 계단 부분에 소제목을 적어요.

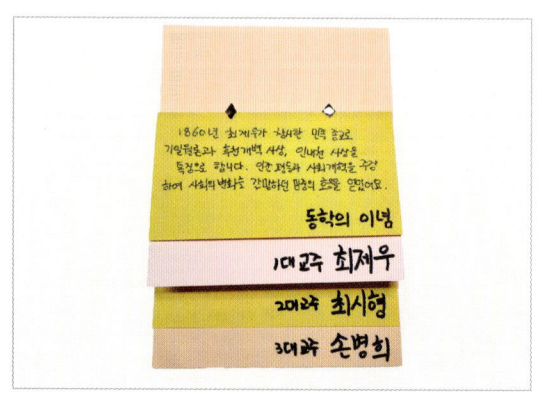

2 | 첫 번째 장에 소제목과 관련된 내용을 채워요.

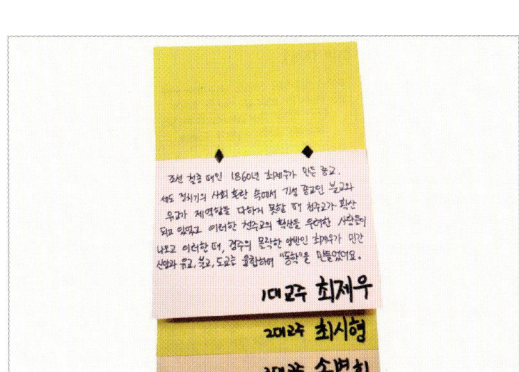

3 두 번째 장에도 소제목과 어울리는 내용을 적어요.

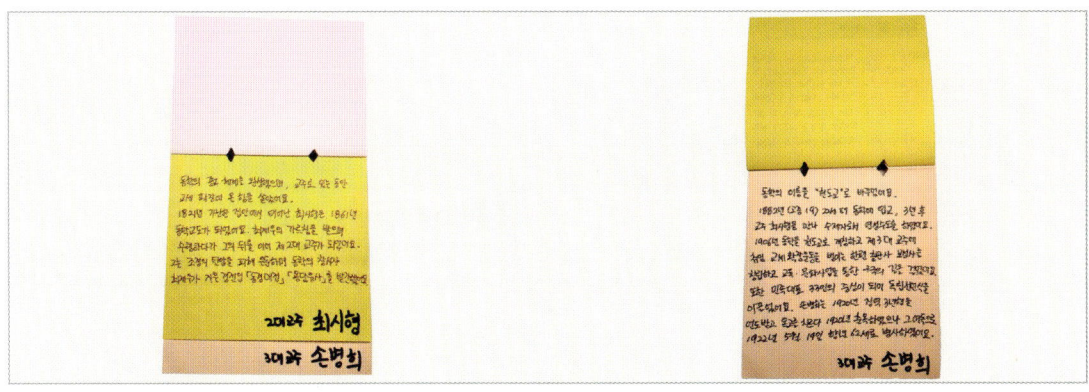

4 세 번째, 네 번째도 같은 방법으로 내용을 써 주세요.

5 반으로 접힌 가운데 페이지에는 사진 자료를 붙이면 효과적이에요.

6 제목을 쓰고 스티커를 사용하여 꾸며 주면 완성이에요.

녹두 장군 전봉준

돌아가는 매직북

돌아가는 매직북은 적은 재료를 이용하여 재미있는 효과를 볼 수 있어요. 단계별로 접는 방법이 복잡해 보이긴 하지만 접는 원리만 알면 의외로 만들기 쉬워요. 글씨를 쓰는 것도 좋지만 가운데 부분에 그림을 그려 변화하는 모습을 보여 주는 것도 효과적이에요.

만들면서 익히는 역사 이야기

몸집이 작아 곡식들 중에서 크기가 작은 녹두의 이름을 빌려 녹두장군이라고 불린 전봉준은 조선 말기 동학농민운동의 지도자예요. 전봉준은 전라도 고부 군수 조병갑의 횡포에 분노하여 1894년 정월 10일, 1000여 명의 동학농민군을 이끌고 봉기를 일으켰어요. 백산에서 봉기한 동학군은 3달 만에 전주성을 점령하였어요. 이 소식을 들은 일본은 동학군의 진압을 핑계로 군대를 파병하여 경복궁을 장악해 버렸고, 이에 전봉준과 동학농민군은 조선을 집어삼키려는 일본을 막기 위해 한양으로 진격하다, 여러 차례 치열한 전투 끝에 우금치전투에서 대패하고 말아요. 전봉준은 정읍에 피신하였다가 부하였던 김경천의 밀고로 체포되어 서울로 압송되고, 재판을 받은 뒤 교수형에 처해졌어요.

A4 머메이드지 1장, 구김지(19.5x27cm) 1장

Step 1. 책 만들기

1. A4 머메이드지 1장을 세로 방향으로 4칸이 되도록 접었다 펼쳐요.

2. 가로 방향으로도 4칸이 되도록 접고 펼쳐요.

3. 가운데 4칸에 대각선으로 표시해요.

4. 칼로 빨간 선 부분을 잘라요.

5. 칼로 자른 부분의 좌우 부분을 바깥쪽으로 열고 4줄 중 양쪽 끝인 ★ 부분은 뒤로 넘겨요.

6. 사진과 같은 모양이 나오면 1단계 완성이에요.

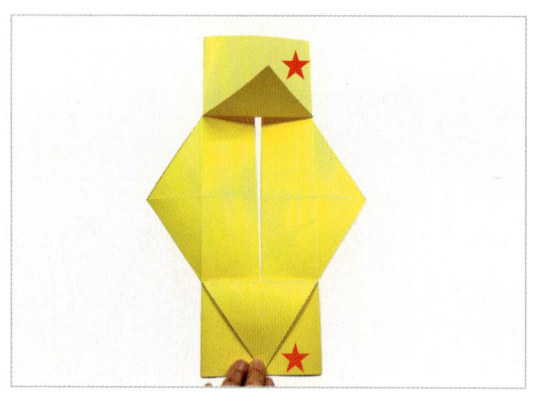

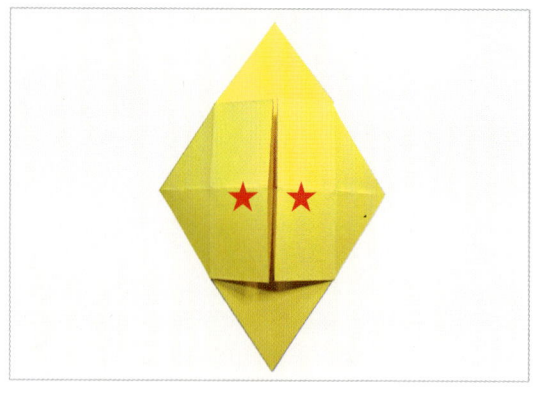

7 위아래 삼각형 부분을 바깥으로 열고 ★ 부분은 뒤로 넘겨요.

8 2단계 완성이에요.

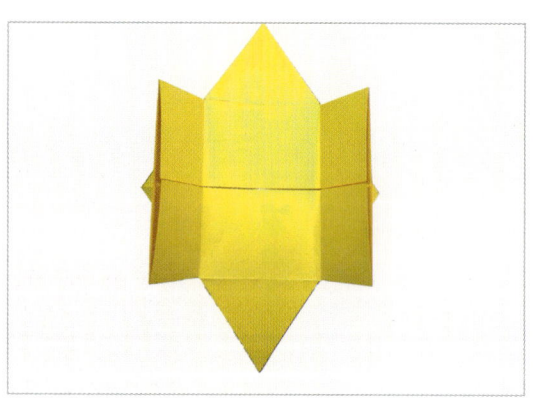

9 ★ 부분을 바깥으로 젖혀요.

10 3단계 완성이에요.

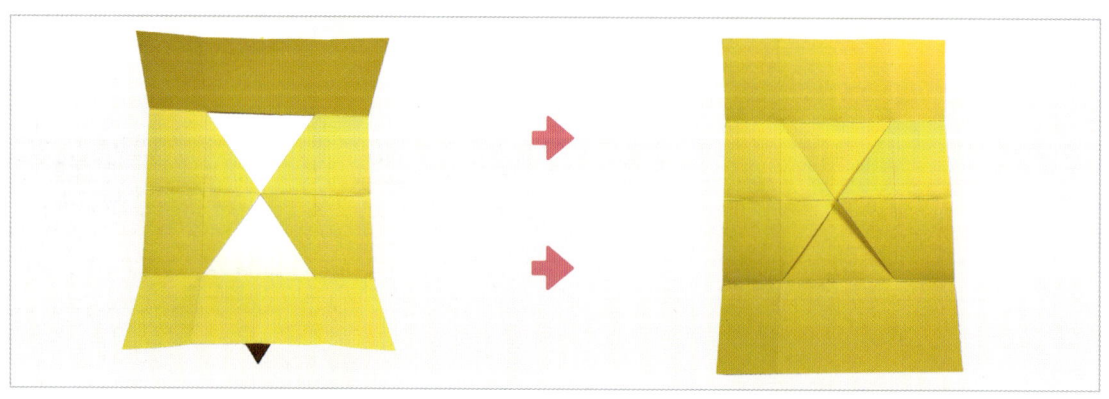

11 ★ 부분을 다시 각각 위아래로 펼치면 처음 모양으로 돌아와요. 이 상태에서 STEP 2로 넘어가요.

160 4장 - 조선 후기의 사회

Step 2. 책 꾸미기

1 표지용 구김지 1장을 준비해요.

2 사진과 같이 가운데를 뺀 나머지 부분에 구김지를 잘라 붙이고, 접는 선을 따라 한 번씩 더 접었다 펴요.

3 제목을 쓰거나 붙여요.

4 가운데에 붙일 사진을 준비해요. 부록 269p

5 대각선으로 잘라요.

6 가운데 부분에 모양을 맞춰 붙여요.

7 가운데를 좌우로 젖히고 ★ 부분을 뒤로 넣어요.

8 남은 부분을 위아래 바깥 방향으로 완전히 젖혀요.

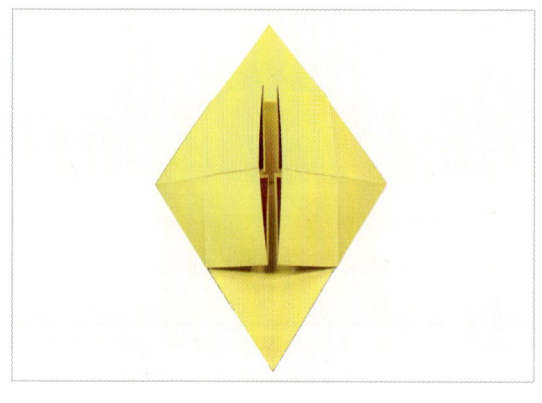

9 사진과 같은 모양이 나와요.

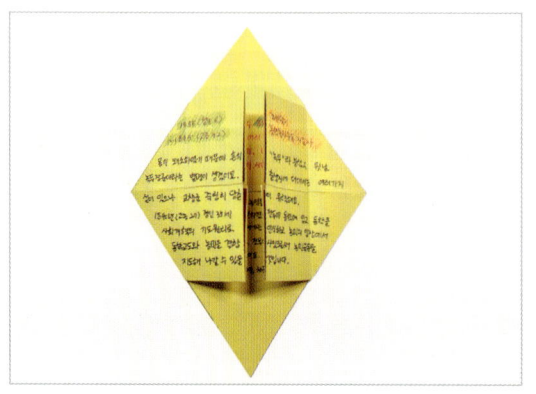

10 가운데 부분에 주제 관련 내용을 적어요.

11 다시 좌우로 젖힌 상태에서 가운데 부분에 주제 관련 내용을 써요.

12 내용을 모두 적은 후 위아래로 젖혀요.

13 다시 처음으로 돌아와 완성되었어요.

조선 후기 여성의 삶

액자 모양 아코디언북

아코디언북은 말 그대로 아코디언 모양의 책을 말해요. 아코디언북은 우리가 흔히 '부채접기'라고 표현하는 종이접기 기법을 사용해서 만든답니다. 액자를 만들 색종이는 무늬가 없는 단면, 양면 모두 사용할 수 있어요. 주제에 따라서는 일반 포장지도 정사각형 크기로 잘라 사용이 가능해요. 정사각형 종이의 크기에 따라 액자의 크기도 정해져요.

만들면서 익히는 역사 이야기

신사임당, 허난설헌이 살았던 17세기 이후 조선시대에는 유교적 사회 윤리를 더욱 강조하게 되면서, 여성의 지위도 크게 달라졌어요. 바깥에 나가서 자유롭게 활동할 수 없었고 지식 습득의 기회가 지극히 제한적이었으며, 제사에도 참석할 수 없었고, 재산 상속에서 제외되어 갔어요. 또한 신분을 엄격하게 구분하였기 때문에 양반 여성과 상민 여성의 삶도 많이 달랐어요. 상황이 이러하니 경제적으로 어려워진 여성은 더욱 남편에게 기대어 생활할 수밖에 없었어요.

준비물
색종이 4장, 표지용 머메이드지(13.5x12.5cm) 2장, 전통 무늬 종이(13.5x12.5cm) 2장, 연결용 색지(10x7cm) 3장

Step 1. 책 만들기

1. 색종이 4장을 준비해서 그중 1장의 윗부분을 1~1.5cm 정도 접어요.

2. 모서리 쪽을 세모 모양이 되도록 접어요.

3. 세모 모양으로 접은 선을 따라 사진과 같이 접어요.

4. 같은 방법으로 세 번째 테두리도 모서리를 세모 모양으로 접은 다음 접어요.

5. 남은 테두리도 양쪽 모서리를 세모 모양으로 접은 다음 접어요.

6 액자 모양이 완성되었어요.

7 나머지 색종이도 같은 방법으로 액자를 만들어요.

8 연결용 색지 3장을 준비해서 반으로 접고 도면처럼 배치해요.

9 첫 번째 액자의 뒷면에 연결지를 풀칠해서 붙여요.

10 두 번째 액자를 연결지에 붙여요. 연결지를 접었을 때 두 액자가 완전히 겹쳐지도록 위치를 맞춰 붙여요.

11 두 번째 연결지도 사진과 같이 붙여요.

12 세 번째 액자도 같은 방법으로 붙여 주세요.

13 마지막 연결지도 붙인 후 네 번째 액자도 붙여 주세요.

14 4개의 액자를 모두 붙이고 W모양으로 접으면 완성이에요.

Step 2. 책 꾸미기

1 표지가 될 머메이드지 2장을 준비해요.

2 1장을 만들어 놓은 액자책의 뒤에 붙여요.

3 남은 1장은 앞에 붙여요.

4 첫 번째와 두 번째 액자에는 조선시대 대표 여성들에 대한 내용을 써 넣어요.

5 세 번째, 네 번째 액자에는 조선시대 여성의 생활에 대한 내용을 적어요.

6 내용 쓰기가 모두 완성되었어요.

7 전통 무늬 종이 2장을 표지에 붙여요.

8 색지에 제목을 써서 붙이면 완성이에요.

완성

01 서양 세력과의 전투

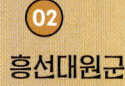

02 흥선대원군

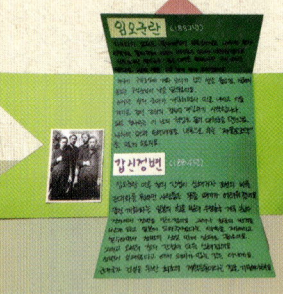

03 임오군란과 갑신정변

04 고종과 명성황후

05 비운의 마지막 왕실 가족

5장
외세의 침입과 조선 사회의 변동

서양 세력과의 전투

한 장씩 빼서 보는 봉투책

봉투책은 봉투 속에 내용이 적힌 카드를 넣어 만드는 북아트 기법이에요. 책장이 묶여 있지 않고 낱장으로 되어 있기 때문에 한 장씩 따로 꺼내 내용을 공부하기 좋아요. 봉투책의 표지가 되는 종이로는 타공지 대신 일반 무늬가 있는 포장지를 사용해도 되고 시중에서 판매하는 엽서 봉투를 사용할 수도 있어요. 봉투책에 들어가는 색지는 주제에 따라 개수를 더 늘려서 활용해도 돼요.

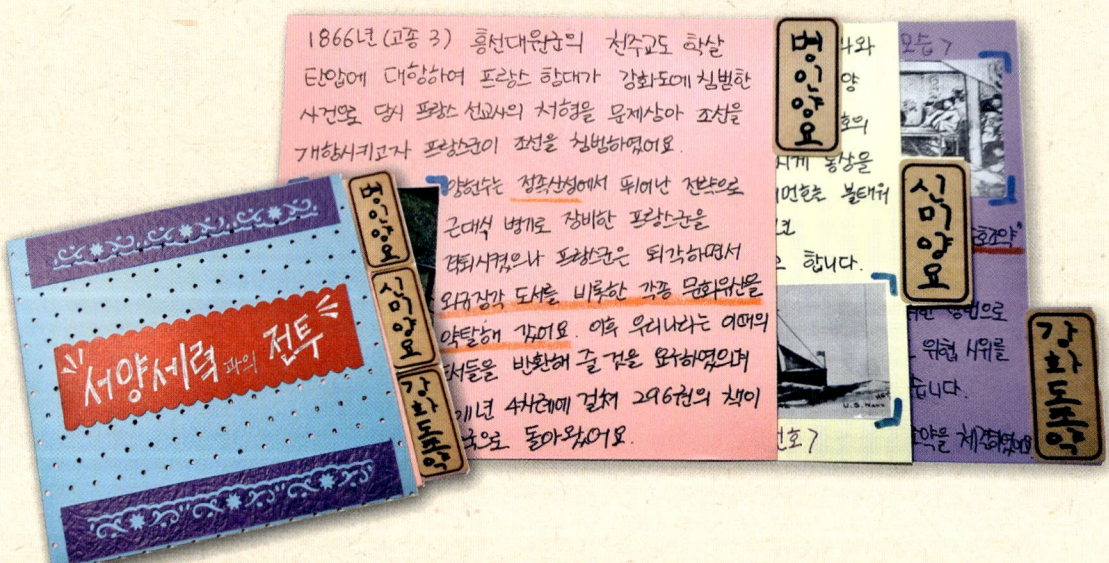

만들면서 익히는 역사 이야기

19세기 초부터는 서양의 여러 나라가 조선의 문을 두드렸어요. 당시 조선은 서양의 물건이나 풍습이 들어오면 우리 고유의 전통을 해칠 거라고 여겼기 때문에 흥선대원군에 의해 나라의 문호를 꽁꽁 걸어 잠그는 쇄국정책을 폈어요. 이러한 시기에 흥선대원군에 의해 천주교도 8,000여 명과 프랑스 신부 9명을 처형하는 병인박해가 발생했고 자국의 선교사들을 학살한 것을 빌미로 프랑스군이 침략하는 병인양요가 일어나지요. 또한 미국이 조선과의 교류를 강력하게 주장하면서 평양으로 보낸 상선 제너럴 셔먼호가 조선군에 의해 불태워진 것을 빌미로 5년 후 조선을 침공한 신미양요 등 서양 세력과 전투가 계속되었어요.

 카드용 색지(17x12cm) 3장, 봉투용 타공지(30x16cm) 1장, 꾸미기용 색지(13.5x2cm) 2장, 모양 펀치, 견출지 3장, 제목용 색지 약간

Step 1. 책 만들기

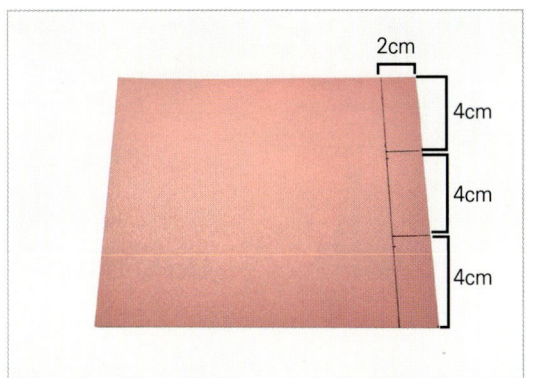

1 색지 3장을 준비하고 세 장 모두 오른쪽에 사진과 같이 표시해요.

2 한 장은 맨 위 칸만 남기고 오려요.

3 한 장은 가운데 칸만 남기고 오려요.

4 한 장은 맨 아래 칸만 남기고 오려요.

5 위의 잘라 낸 색지를 합쳐 보면 사진과 같은 모양이 돼요.

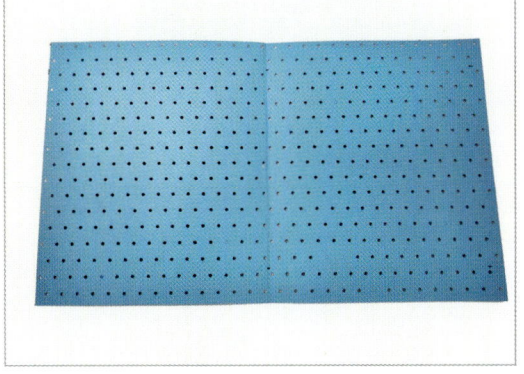

6 타공지 1장을 준비하여 반으로 접었다 펴요.

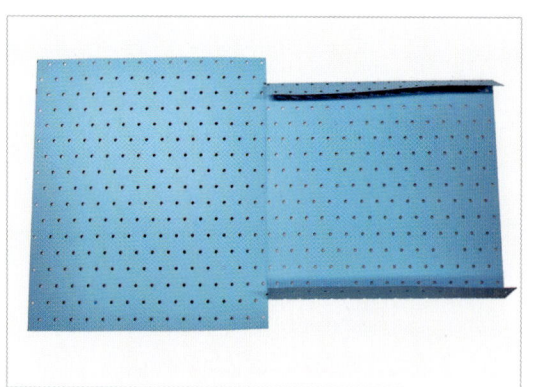
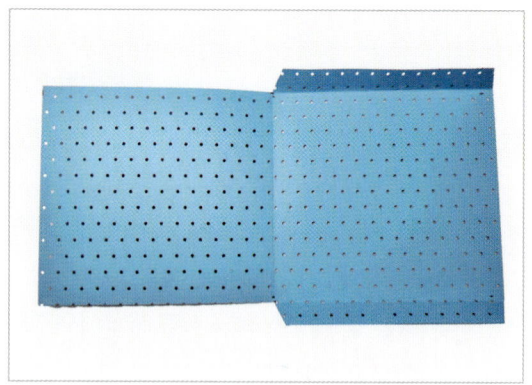

7 접힌 선을 위아래로 1.5cm씩 자르고, 오른쪽 면의 위와 아래를 1.5cm씩 접어요.

8 왼쪽 면은 위와 아래를 1.5cm씩 잘라요.

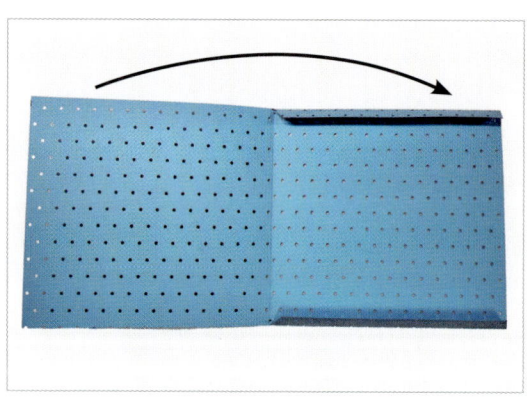
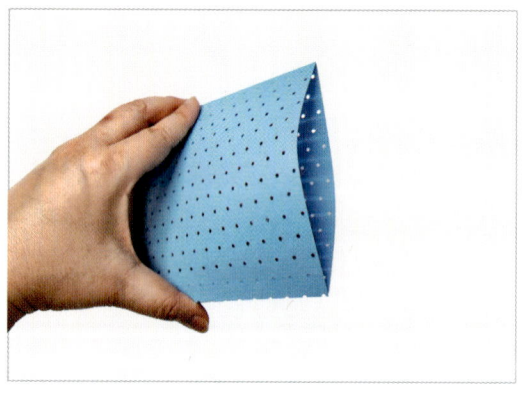

9 오른쪽의 위아래로 접은 면에 풀칠하고 왼쪽 면을 덮어 붙여요.

10 봉투 모양이 만들어져요.

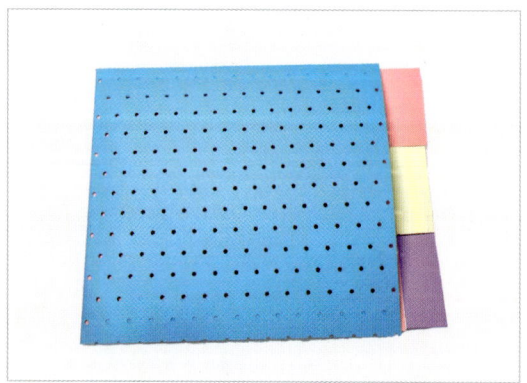

11 앞에서 만들어 놓은 카드를 넣으면 기본 봉투 책 완성이에요.

Step 2. 책 꾸미기

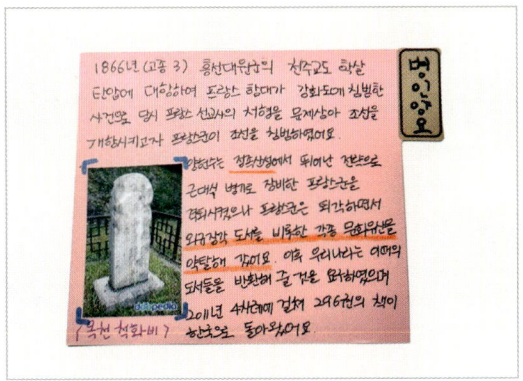

1. 봉투책의 주제에 맞춰서 견출지에 소제목을 써 첫 번째 속지에 붙이고 내용을 적어요.

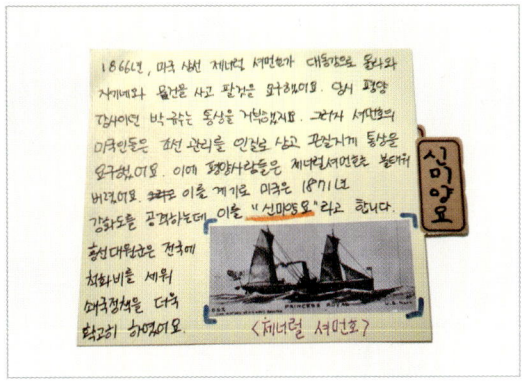

2. 두 번째 속지에 주제 관련 소제목을 쓰고 내용을 적어요.

3. 세 번째 속지에도 소제목과 내용을 적어요.

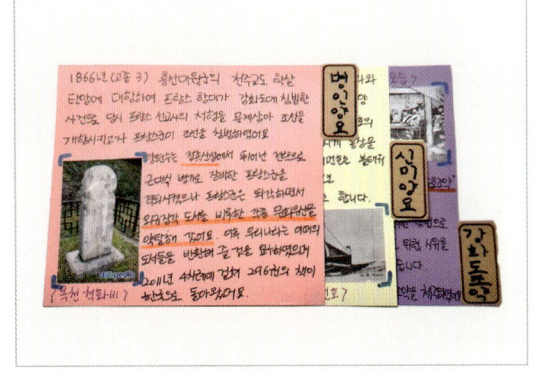

4. 3장의 속지에 내용을 모두 적었어요.

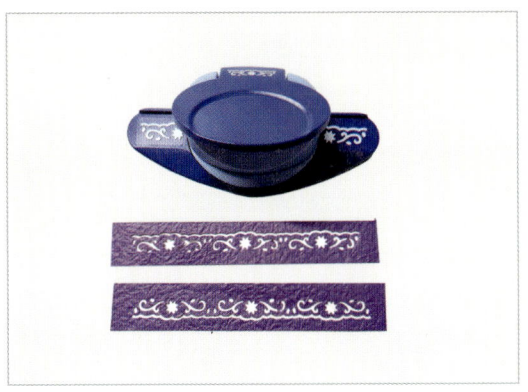

5. 색지 2장에 모양 펀치를 사용하여 모양을 만들어 주세요. 꼭 모양 펀치로 만들지 않고 무늬를 직접 그려도 괜찮아요.

6. 표지의 위아래에 모양을 낸 색지를 붙이고 가운데에 제목을 써서 붙이면 완성이에요.

흥선대원군

간단 4면 계단책

계단책은 층층이책이라고도 하며 여러 장의 종이를 겹쳐 계단 모양을 만드는 책이에요. 계단책은 페이지 수를 늘리거나 줄이기도 쉽고, 만들기도 쉬워서 학교에서 프로젝트 수업을 할 때도 많이 활용돼요. 이 책에서는 한 장의 종이로 계단의 효과를 내도록 응용했어요. 꼭 계단 모양으로 만들지 않고 완전히 접어서 페이지 크기가 모두 같은 4면책으로 활용해도 좋아요.

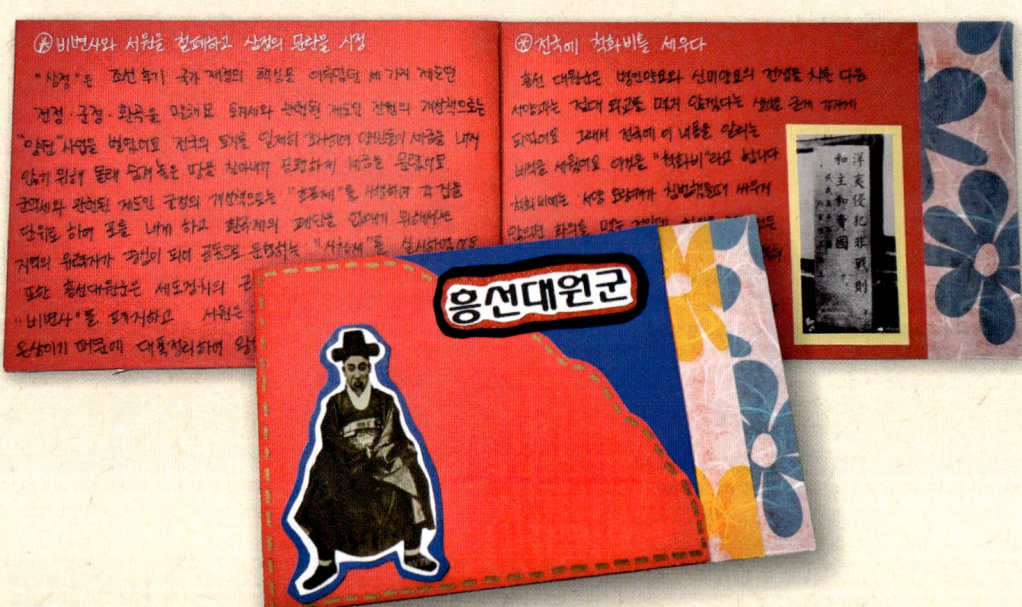

만들면서 익히는 역사 이야기

흥선대원군은 고종의 아버지로, 세도 정치로 인해 왕권이 약해진 시기에 어린 고종이 정사를 볼 수 있는 나이가 될 때까지 고종을 대신해 조선을 다스렸어요. 그는 정치 기강을 바로잡기 위해 세도 가문을 약화하고 그동안 소외되었던 정치 세력과 종친을 등용하였어요. 서양세력이 동양세력에 침투하여 정치, 경제, 문화 등 여러 부문을 지배하려는 새로운 세계사적 흐름과 세도 정치로 피폐한 국가의 재건이라는 어려운 문제를 한꺼번에 해결해야 했던 흥선대원군은 오늘날 한편에서는 개혁 정치가로, 다른 한편에서는 보수적인 국수주의자로 엇갈린 평가를 받고 있어요.

8절 색상지 1장, 삼각형 색지(13X13cm) 1장, 무늬 한지(3X13.5cm) 2장, 꾸밈용 색지 약간

Step 1. 책 만들기

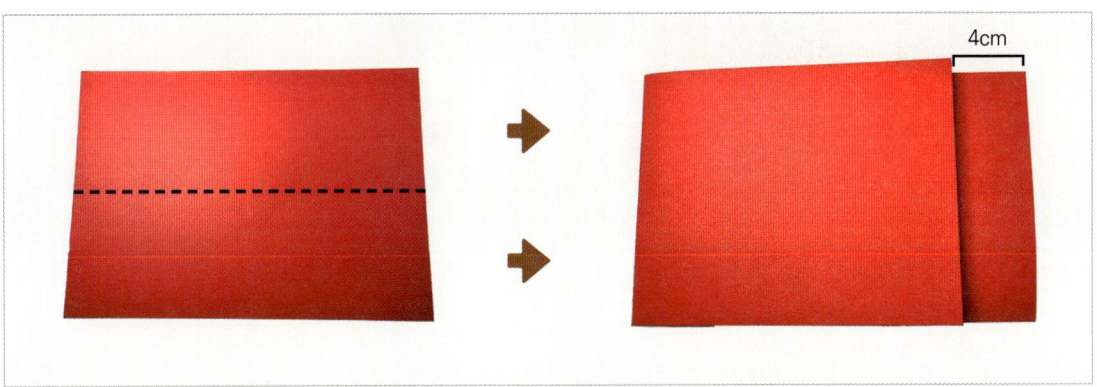

1. 8절 색상지를 길게 반으로 접은 다음 한 번 더 접어요. 이때 오른쪽을 4cm 남기고 접어요.

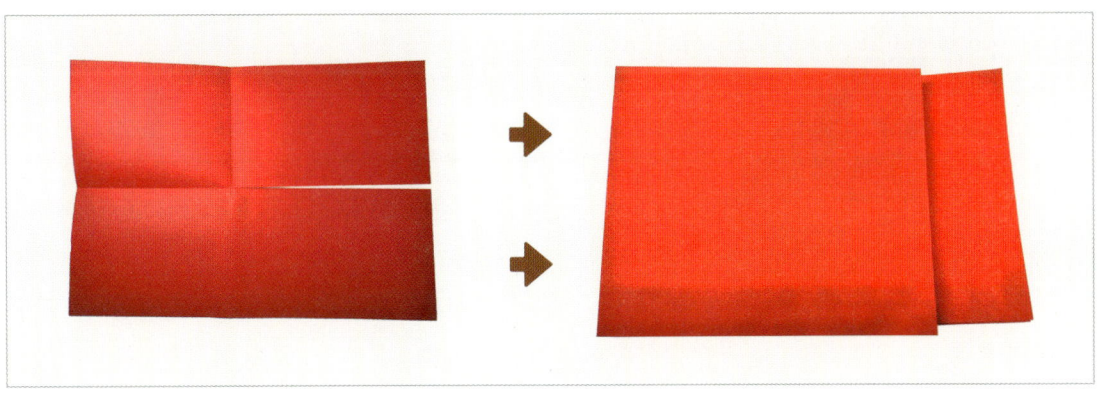

2. 다시 펼쳐서 긴 쪽의 접은 선을 따라 자른 후 다시 세로로 한 번 가로로 한 번 접어요.

3. 오른쪽 2장으로 겹쳐져 있는 색지 중 앞장만 2cm 잘라서 계단 모양을 만들어요.

4 3단 계단 모양이 만들어졌어요.

5 맨 앞의 표지를 모양을 내서 오려요.

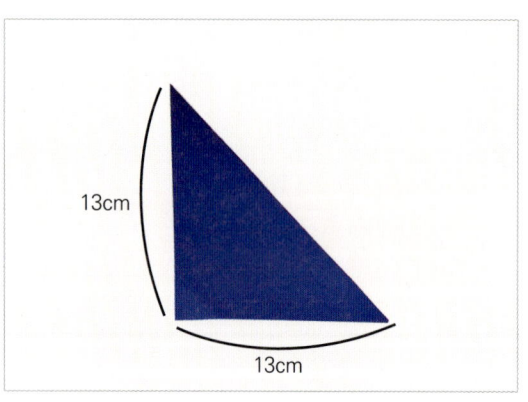

6 가로세로 13cm인 삼각형 색지를 준비해요.

7 삼각형 색지를 표지의 모양이 잘 보이도록 붙여요.

8 한지 2장을 계단 모양이 잘 보이도록 붙여요.

Step 2. 책 꾸미기

1 첫 번째 페이지에 흥선대원군에 관련된 내용을 적어요. 부록 271p

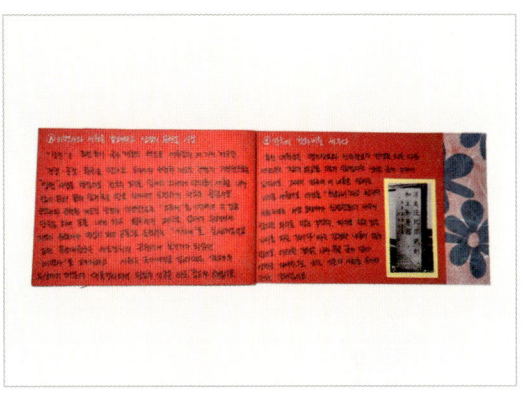

2 두 번째 페이지에도 흥선대원군과 관련된 내용을 적어요. 부록 271p

3 표지를 꾸미고 제목을 적어 완성해요. 부록 271p

4 4면 계단책이 완성된 모습이에요.

임오군란과 갑신정변

사방 3단 접이책

3단 접이책은 기본적으로 사용하는 종이를 3칸으로 접어 서로 겹치게 만드는 책으로, 3단 접이책을 이용하면 하나의 주제를 심층적으로 표현하는 것도 가능해요. 적은 재료를 사용하여 활용하기에 적합한 기법의 책이에요.

만들면서 익히는 역사 이야기

임오군란은 신식 군대인 별기군에 비해 열악한 대우를 받던 구식 군인들이 일으킨 난이에요. 구식 군인들은 13개월이나 밀렸던 급료가 겨와 모래가 섞인 쌀로 지급되자 이에 분노하여 1882년에 임오군란을 일으켰어요. 청의 군대가 개입하면서 막을 내리지만 이를 계기로 청이 조선의 정치에 간섭하기 시작했어요.

갑신정변은 김옥균, 박영효, 홍영식 등 조선의 빠른 근대화를 원하던 급진 개화파가 일으킨 정변이에요. 조선의 자주독립을 지키려면 먼저 청의 내정간섭에서 벗어나야 한다고 주장하며 1884년 갑신정변을 일으켜 개화당 정부를 수립했지만, 청군의 반격과 지원을 약속했던 일본군의 철수로 정변은 3일 천하로 끝나고 말았어요.

8절 색상지 1/2 1장, 속지용 색지(14x27cm) 1장, 파인애플지(27x14cm) 1장, 색지(3cm×3cm) 1장, 스티커 약간

Step 1. 책 만들기

1 길게 반으로 자른 8절지를 준비해요.

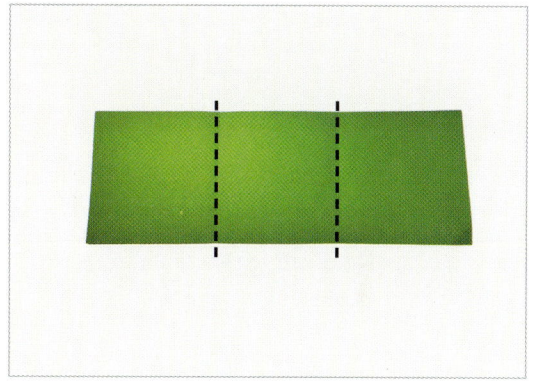

2 색상지를 3등분하여 접어요.

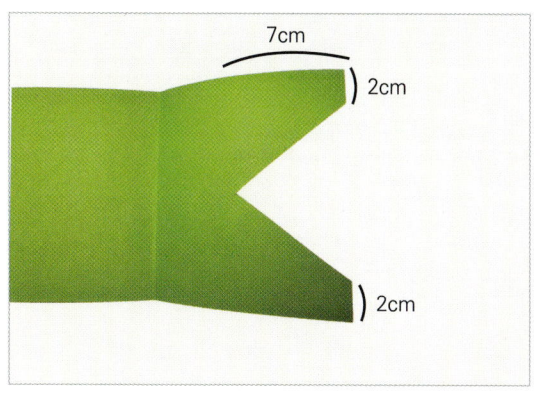

3 양 끝에서 위아래 2cm씩 남기고 중심으로 7cm 들어간 곳까지 〈 모양으로 오려 내요.

4 양 끝을 같은 모양으로 오려 내요.

5 서로 엇갈리도록 접은 모양이에요.

6 속지용 색지를 위아래로 대문접기해요.

7 │ 뒷면에 풀칠해 5의 색상지 가운데에 붙여요.

8 │ 속지를 붙여 펼친 모양이에요.

9 │ 작은 색지 1장을 준비해요.

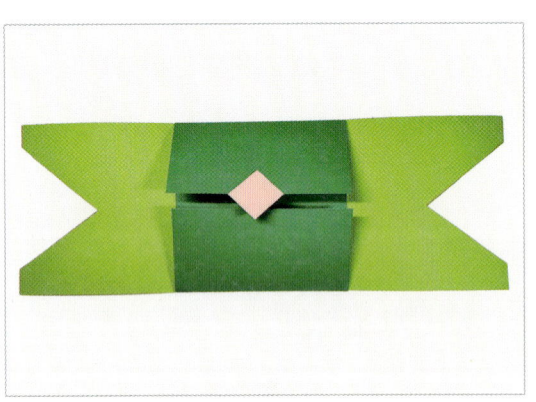

10 │ 사진과 같이 속지에 붙이면 완성이에요.

Step 2. 책 꾸미기

1 │ 접어져 있는 속지에 임오군란, 갑신정변에 대한 사진을 붙이고 간단히 설명을 적어요.
부록 273p

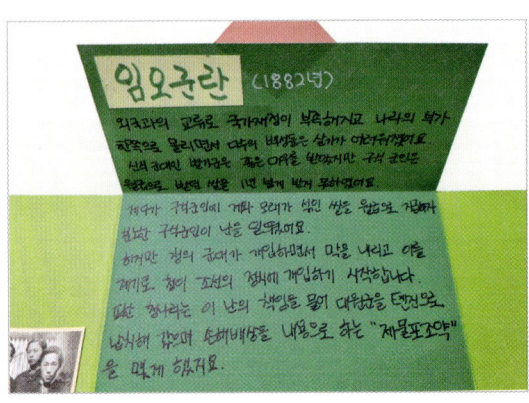

2 │ 속지의 안쪽에 첫 번째 주제 관련 내용을 써요.

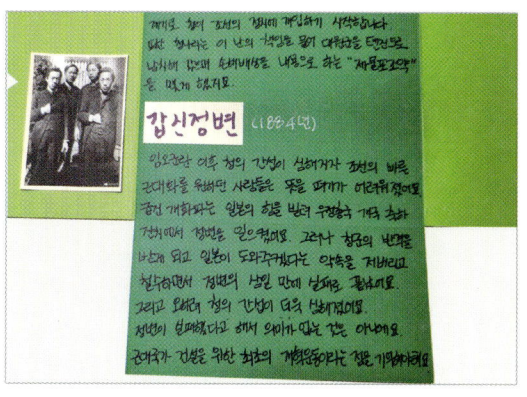

3 | 두 번째 주제 관련 내용도 아래에 적어요.

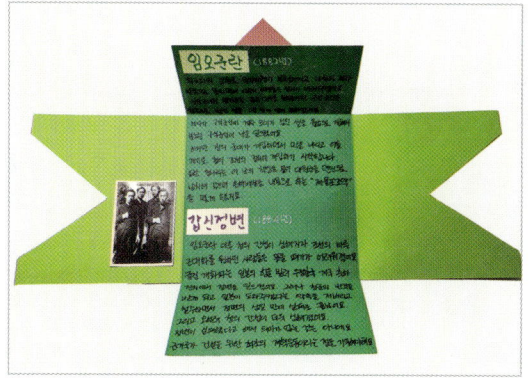

4 | 임오군란과 갑신정변에 대한 내용을 모두 작성했어요.

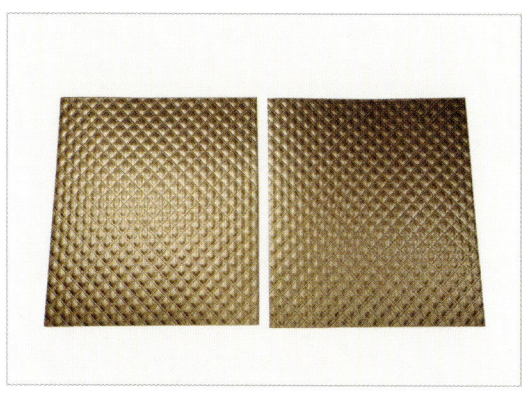

5 | 표지가 될 파인애플지 1장을 준비해서 반으로 잘라요.

6 | 앞에서 만들어 놓은 색지 양쪽에 붙여요.

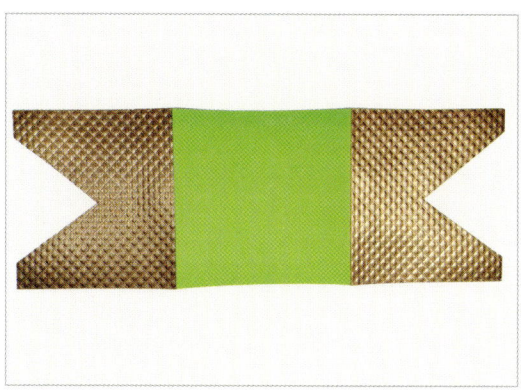

7 | 색지 모양과 같이 오려 내요.

8 | 표지가 완성된 후 다시 접으면 책모양이 돼요.

9 표지에 제목을 쓰고 스티커 등으로 꾸며요.

10 표지를 서로 엇갈리게 여미면 완성이에요.

고종과 명성황후

이중 액자 모양 팝업책

한 장의 종이에 가위집 2번으로 팝업 효과를 내어 주제에 대한 설명을 하기에 적합한 책이에요. 적은 재료를 사용하여 팝업 효과를 효과적으로 낼 수 있기 때문에 미술 교과에서 미술 작품을 소개하는 갤러리책 형식으로 활용해도 좋아요. 표지를 꾸밀 때 예쁜 포장지를 사용하면 부모님께 편지 쓰기 책으로도 적합해요.

만들면서 익히는 역사 이야기

고종황제는 조선의 제26대 임금으로 흥선대원군의 둘째 아들로 태어났어요. 철종이 후손 없이 죽자 1863년 왕으로 즉위했어요. 명성황후와 대원군의 세력 다툼 속에서 즉위 때부터 일본을 비롯한 열강의 내정 간섭을 겪다가 1907년에 일제의 압력으로 왕위에서 물러났어요.

명성황후는 고종의 왕비로 명성황후라는 호칭은 그녀가 죽은 뒤 대한제국 시기에 붙여졌어요. 황후란 황제의 부인이란 뜻이에요. 명성황후는 임오군란과 갑신정변 이후 청·일의 간섭으로 인한 혼란 속에서 러시아에 의지하여 일본을 견제하려 하였고, 이에 위기를 느낀 일본에 의해 살해되었어요(을미사변).

준비물
8절 색상지, 표지용 구김지(30x27cm) 1장, 지지대용 타공지(2.5x12cm) 2장, 꾸밈용 구김지(8x10cm) 2장

Step 1. 책 만들기

1. 8절 색상지를 반으로 접었다 펴요.

2. 사진과 같은 모양으로 W 모양이 되도록 접었다 펴요.

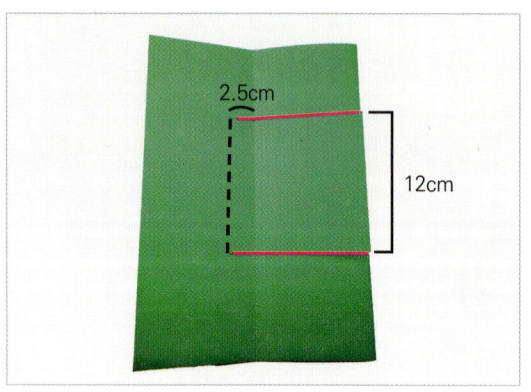

3. 다시 반으로 접고 접어진 쪽에서 사진과 같이 가위집을 내요.

4. 가위집을 만든 선까지 접어요.

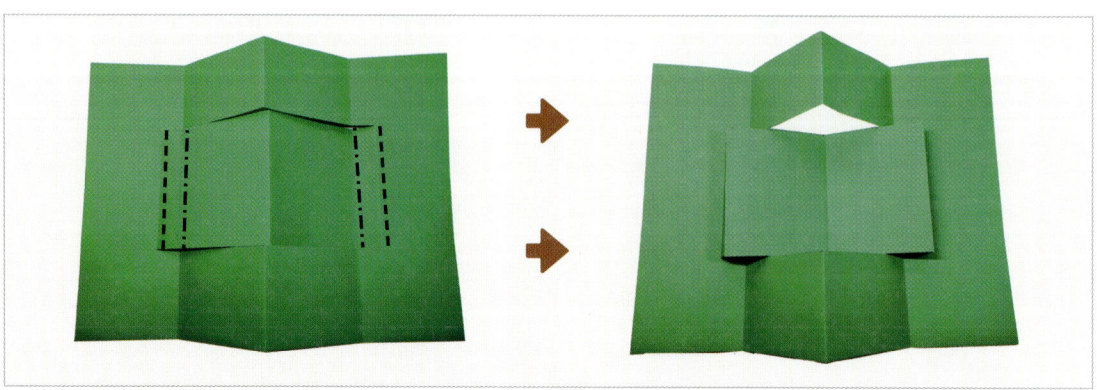

5. 다시 다 펼쳐요. 접는 선 표시에 따라 가운데를 접어 넣어요.

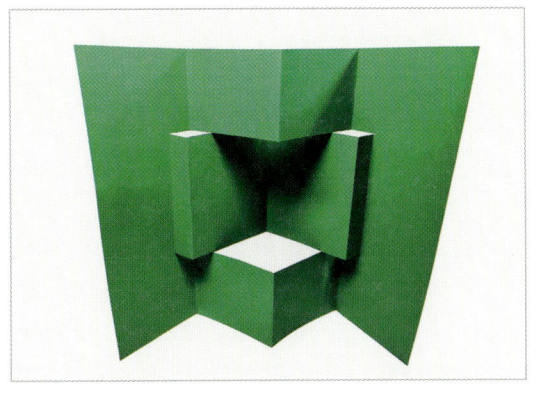

6 가운데를 팝업 모양으로 접은 모양이에요.

7 지지대용 타공지 2장을 준비해요.

8 타공지를 가운데 팝업 모양의 양옆에 붙여요. 지지대가 생겨 팝업이 튼튼해져요.

9 표지가 될 구김지 1장을 준비해서 반으로 접었다 펴요.

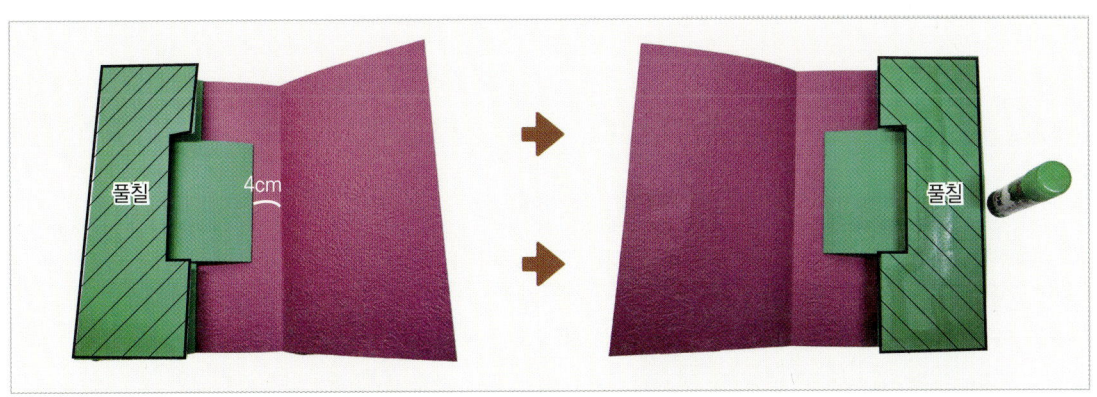

10 가운데 팝업 부분을 제외하고 풀칠한 뒤 모서리에 맞춰 붙여요.

11 | 가운데 팝업 부분이 표지에서 떨어져 있으면 완성이에요.

Step 2. 책 꾸미기

1 | 속지의 위와 아래에 주제와 관련된 소제목을 적어요.

2 | 가운데 팝업 부분에는 사진을 붙여요.
부록 273p

3 | 사진의 양쪽에 내용을 적어요.

4 | 꾸밈용 구김지로 표지에 제목을 쓰면 완성이에요.

비운의 마지막 왕실 가족

사각주머니책

사각주머니책은 종이접기의 사각주머니접기 기법을 사용해 여러 장의 정사각형 종이를 서로 붙여 만드는 책이에요. 이 책에서 사용한 사각형 색지의 크기는 21x21cm이지만, 사용하는 색지의 크기는 자유롭게 사용해도 좋아요. 종이의 색깔을 모두 다르게 하면 북아트가 더 화려해진답니다.

만들면서 익히는 역사 이야기

대한제국의 마지막 왕실 가족들은 마지막 왕인 순종과 그 아내 순정효황후, 고종의 고명딸로 태어나 극진한 사랑을 받으며 어린 시절을 보내지만 아버지 고종을 여읜 뒤 일본으로의 강제 유학, 정략결혼과 이혼 등 순탄치 않은 삶을 살았던 덕혜옹주, 고종의 일곱 번째 아들로 대한제국의 마지막 황태자이자 한국사 전체를 통틀어 최후의 황태자인 영친왕과 그의 부인 이방자 여사 등이 있어요. 이들 모두 불운한 삶을 살았어요.

준비물
A4 컬러 용지 3장, 골판지(11x11cm) 2장, 리본(55cm) 1줄, 꾸밈용 종이 약간

Step 1. 책 만들기

1. A4 컬러 용지의 짧은 변이 긴 변에 맞닿도록 대각선으로 접어요.

2. 접은 선을 따라 잘라 정사각형 색지를 만들어요.

3. 같은 방법으로 3장을 만들어 준비해요.

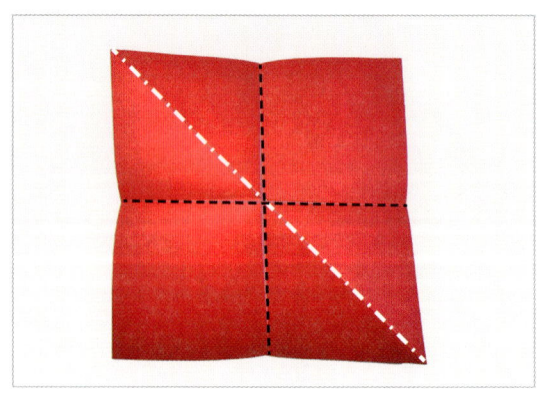

4. 사진의 접는 선 표시에 따라 접어요.

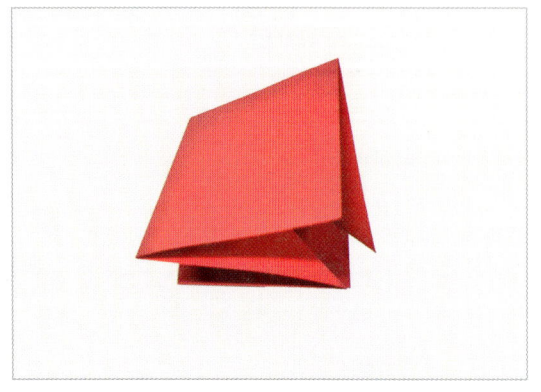

5. 접은 선을 따라 사각주머니를 만들어요.

6. 같은 방법으로 3개를 모두 접어요.

7 첫 번째 사각주머니를 펼쳐서 오른쪽 면에 풀칠해요.

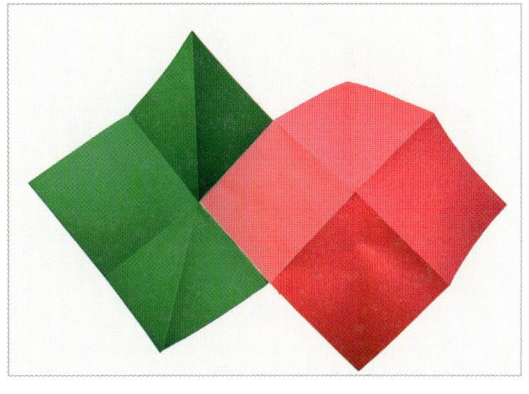

8 두 번째 사각주머니를 펼친 다음, 뒤집어서 붙여요.

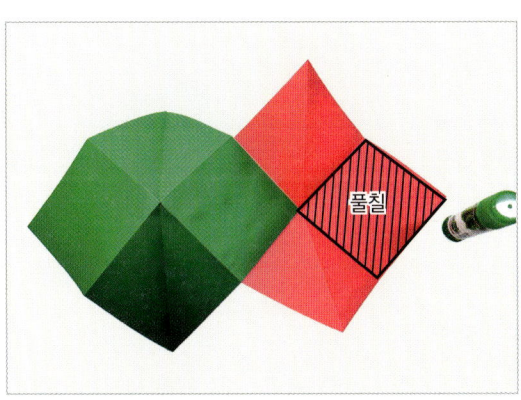

9 다시 뒤집어서 두 번째 사각주머니의 오른쪽 면에 풀칠해요.

10 세 번째 사각주머니를 두 번째 사각주머니와 반대로 뒤집어서 붙여요.

11 접는 선을 따라 다시 접어요.

12 사각주머니가 모두 접어졌어요.

13 골판지 2장을 반으로 잘라 4장으로 만들어요.

14 접어 놓은 사각주머니를 뒤집어 그 위에 준비한 리본을 가로로 길게 붙여요.

15 그 위에 골판지를 붙이고 뒤집어서 앞에도 골판지를 붙여요.

16 밑에 있는 리본을 앞으로 해서 묶으면 기본책 완성이에요.

Step 2. 책 꾸미기

1 첫 번째 사각주머니의 위아래에 순종과 순정효황후의 사진을 반만 풀칠하여 붙여요.

부록 275p

2 그 양쪽에 내용을 써요.

3 | 두 번째 사각주머니에는 덕혜옹주의 사진을 붙이고 주제와 관련해서 내용을 써요.
  부록 275p

4 | 사진을 붙이고 내용을 모두 적었어요.

5 | 표지에 색지를 사용해서 제목을 써 붙여요.

6 | 리본을 묶으면 완성이에요.

좀 더 공부해 보기

주제 및 관련된 내용의 양에 따라 뒤집어진 사각주머니도 활용할 수 있어요.

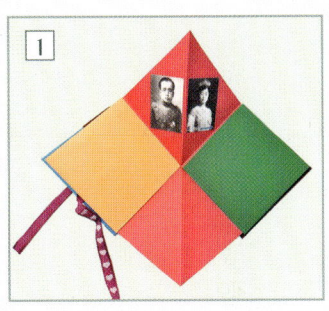

1 뒤집어진 사각주머니에 사진을 붙여요. 부록 275p

2 사진과 관련된 내용을 적어요.

3 뒷면을 활용한 전체적인 모양이에요.

05. 비운의 마지막 왕실 가족　193

01 3.1운동과 유관순

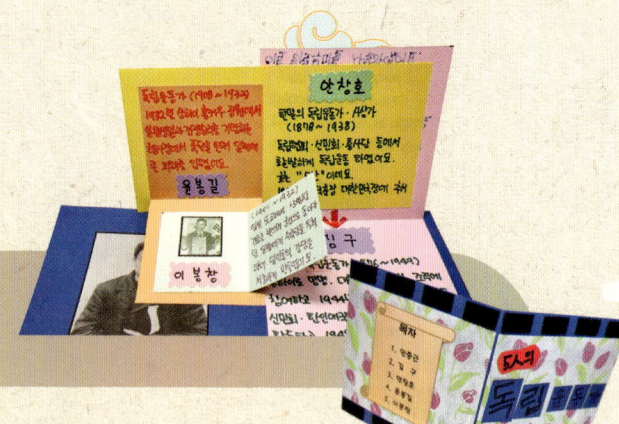

02 5인의 독립 운동가들

03 예술 분야의 민족저항운동

04 여성 독립운동가들

05 6.25 전쟁

6장

독립운동과 6.25 전쟁

3.1운동과 유관순

펼치면 튀어오르는 팝업책

튀어 오르는 팝업책은 사각기둥 지지대를 만들어 책을 펼쳤을 때 팝업이 앞으로 튀어 오르게 만들어 주는 책이에요. 팝업 부분의 사진 개수는 자유롭게 선택해 주세요. 팝업의 크기도 주제에 따라서 크거나 작아도 돼요. 팝업을 더 효과적으로 보이도록 하려면 사각기둥을 더 높게 만들면 된답니다.

만들면서 익히는 역사 이야기

기미년(1919년) 3월 1일에 일어난 3.1운동은 전 세계를 향해 한국이 자주 독립국임과 한국인이 우리나라의 주인임을 분명히 한 독립운동이었어요. 만세 운동은 전국 방방곡곡으로 퍼져 5월 초순까지 계속되었지요. 3.1운동에 참가한 뒤 고향인 천안에 돌아온 유관순은 학생의 신분으로 아우내 장터에서 만세 시위를 주도했어요. 일본 경찰의 공격에 부모님도 돌아가시고 유관순은 만세운동의 주모자로 체포되어 공주 교도소에 수감되었답니다. 이후 서대문형무소로 옮겨져 모진 고문을 받다가 석방되기 이틀 전인 1920년 9월 28일, 18세의 꽃다운 나이로 옥중에서 사망했어요.

준비물

A4 색상지 1장, 사각기둥용 색지(12x7cm) 1장, 속지용 색지(14x10cm) 1장, 골판지(9.5x10.5cm) 9장

Step 1. 책 만들기

1. A4 크기의 색상지를 반으로 접었다 펴요.

2. 사각기둥용 색지 1장을 준비해서 가로로 이등분해 2장을 만들어요.

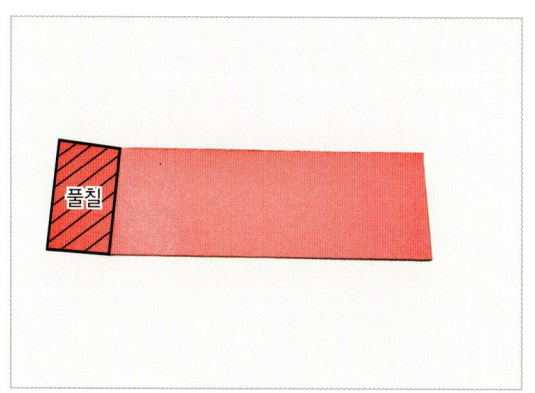

3. 풀칠면이 될 한쪽 부분을 2cm 접어요.

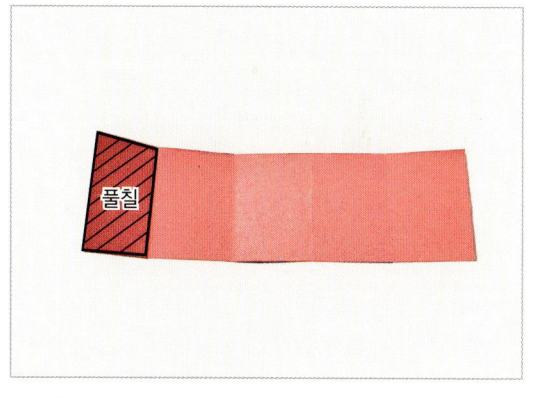

4. 남은 부분을 4등분하여 접어요.

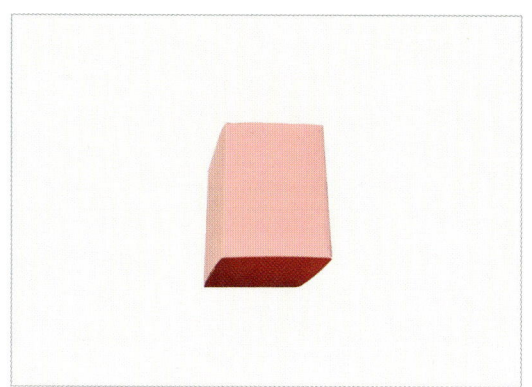

5. 풀칠면에 풀칠하여 사각 기둥을 만들어요.

6. 같은 방법으로 사각 기둥을 2개 만들어요.

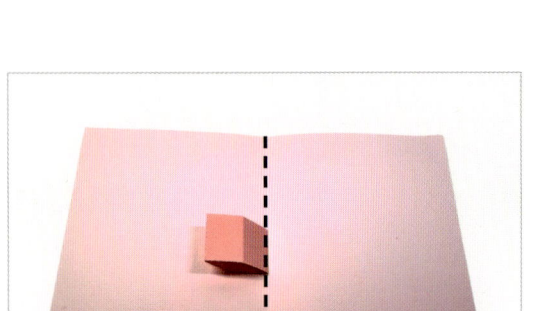

7 사각 기둥 하나를 1번에서 접었다 편 종이의 가운데 접은 선에 맞춰서 붙여요.

8 나머지 하나도 반대쪽에 붙여요.

9 안쪽 면에 풀칠을 해요.

10 사각 기둥 2개를 맞붙여요.

11 속지용 색지를 준비해서 반으로 접어요.

12 사각기둥의 위쪽에 풀칠해요.

13 준비한 색지를 기둥의 위 양쪽에 접은 선을 맞춰서 붙여요.

14 팝업 모양으로 붙여졌어요.

15 팝업책이 완성되었어요.

Step 2. 책 꾸미기

1 팝업 부분에 유관순 사진을 붙이고 그 옆에 설명을 써요. 부록 277p

2 다른 한쪽에도 3.1운동 사진과 설명을 적어요. 부록 277p

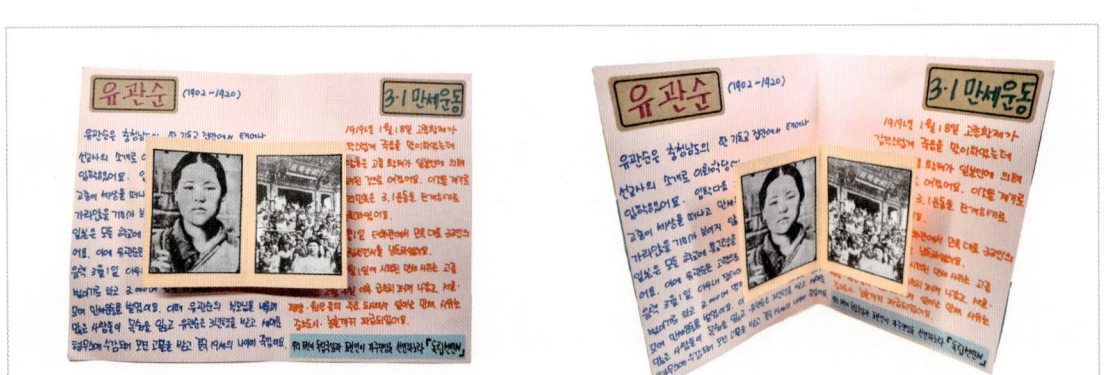

3 | 속지에 주제 관련 내용을 모두 쓴 모양이에요.

4 | 골판지 3장을 준비해서 반으로 접어요.

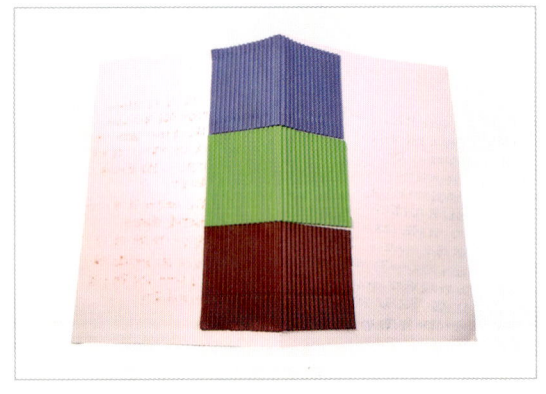

5 | 골판지 3장으로 책등을 감싸서 붙여요.

6 | 골판지 6장을 더 사용하여 앞표지와 뒤표지 모두 꾸며요.

7 | 태극기 그림과 제목을 붙이면 완성이에요.
부록 277p

5인의 독립운동가들

마트료시카북

마트료시카란 속이 빈 목각 인형 안에 같은 모양의 인형이 여러 개 차곡차곡 들어 있는 러시아 인형을 일컫는 말로 마트료시카북은 큰 속지 안에 작은 속지들이 차곡차곡 들어있는 모양에서 이름을 지었어요. 마트료시카북에 사용되는 색지의 크기와 개수는 주제에 따라 정할 수 있어요. 독후 활동으로는 등장인물 설명하기에 활용하면 효과적이에요.

만들면서 익히는 역사 이야기

일제강점기에는 각계각층에서 일제의 침탈에 저항하는 항일 운동이 전개되었어요. 수많은 독립운동가 분들이 있지만 대표적으로 만주 하얼빈역에서 일본 침략의 원흉인 이토 히로부미를 사살한 안중근, 상하이 훙커우 공원에서 일왕의 생일을 축하하는 기념식 단상에 폭탄을 던져 일본군 장성과 고관들을 처단한 윤봉길, 도쿄에서 일왕의 마차를 향해 폭탄을 던진 이봉창 의사 등은 일제 고위 관계자들에 대한 의거 활동을 통해 일제에 저항했어요. 김구 선생은 상해에 임시정부를 수립하고 광복군을 조직하는 등 독립운동을 하며 다른 독립운동가에게 많은 지원을 했어요. 안창호 선생은 교육가로서 대성학교 등을 세워 민족 교육운동에 힘썼어요.

크기가 서로 다른 속지용 색지 5장(27x13.5cm, 24X12cm, 20X10cm, 16X8cm, 12X6cm), 한지 포장지(13.5x10.5cm) 2장, 띠 골판지

Step 1. 책 만들기

1 제일 큰 색지 1장을 반으로 접었다 펼쳐요.

2 두 번째로 큰 색지 1장을 반으로 접었다 펼쳐요.

3 먼저 접어 놓은 색지의 오른쪽에 위쪽으로 열리도록 붙여요.

4 또 다른 색지 1장을 반으로 접었다 펴요.

5 3번의 색지 위쪽에 왼쪽으로 열리도록 붙여요.

6 더 작은 색지 1장을 반으로 접었다 펼쳐요.

7 5번에서 붙인 색지의 왼쪽에 아래로 열리도록 붙여요.

8 가장 작은 색지 1장을 반으로 접었다 펼쳐요.

9 7번에서 붙인 색지의 아래쪽에 오른쪽으로 열리도록 붙여요.

10 붙인 순서의 역순으로 접어요.

11 중간 과정1

12 중간 과정2

13 마지막 속지를 접으면 완성이에요.

Step 2. 책 꾸미기

1 주제와 관련된 첫 번째 인물 사진을 붙이고 그 옆에 설명을 적어요.

2 순서대로 열어 가면서 두 번째 사진과 설명을 적어요.

3 세 번째, 네 번째 인물 사진을 붙이고 설명을 채워요.

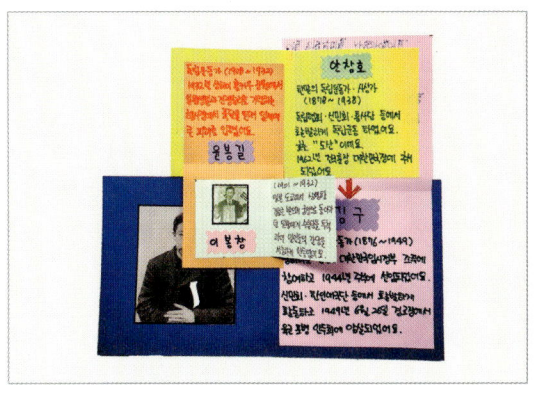

4 다섯 번째도 같은 방법으로 만들어요.

5 표지에 붙일 한지 포장지 2장을 준비해요.

6 포장지를 표지에 붙인 뒤, 띠 골판지를 사용하여 꾸미고 제목을 써요.

7 뒤표지도 띠 골판지로 꾸미고 목차를 붙이면 완성이에요. 부록 279p

완성

02. 5인의 독립운동가들

예술 분야의 민족저항운동

이중 삼각 팝업 펼쳐지는 책

이 책은 하나의 주제로 내용을 나열할 때나 각각의 4가지 주제를 말할 때 적당해요. 삼각 팝업을 꼭 이중으로 할 필요 없이 주제에 따라 개수를 정하면 돼요.

만들면서 익히는 역사 이야기

우리 민족의 편을 나누고 민족 문화를 짓밟는 일제에 맞서 국내에서는 민족 문화를 지키기 위한 노력이 이어졌어요. 예술 분야의 민족저항운동을 주도했던 분들로는 일제의 역사 왜곡에 대항했던 신채호, 우리 민족의 슬픔을 표현한 영화 「아리랑」을 만든 나운규, 독립을 염원하는 저항 문학 작품 「하늘과 바람과 별과 시」를 쓴 윤동주, 일본으로 넘어가는 문화재를 지키기 위해 전 재산을 쓴 전형필 등이 있어요. 이 외에도 수많은 분들이 우리 민족의 결을 지키기 위해 노력했답니다.

준비물
4절 색상지 1/2 1장, 삼각 팝업용 색지(10x5cm) 4장, 검정 색지(7x10cm) 4장, 한지(19.5x8cm) 1장, 원 모양 색지(지름 8.5cm) 1장, 벨크로, 꾸미기 스티커 1개

Step 1. 책 만들기

1 반으로 자른 4절 색상지를 준비해요.

2 반으로 접었다 펴요.

3 양 끝을 8cm씩 접어요.

4 색지 4장을 준비해요.

5 반으로 접었다 펴요.

6 양쪽을 세모 모양으로 접어요.

03. 예술 분야의 민족저항운동

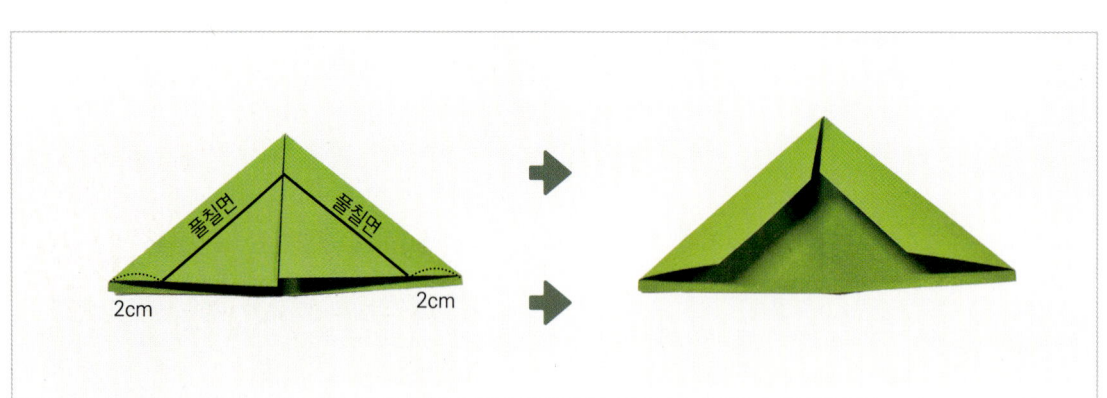

7 앞면을 2cm의 풀칠면만 남기고 잘라요.

8 풀칠면을 펼친 뒤 종이를 다시 반으로 접고, 풀칠면에 풀칠하여 속지의 접힌 구석에 붙여요.

9 위쪽 풀칠면에도 풀칠해서 위 속지를 접었다 펼쳐요.

10 세모 팝업 모양으로 만들어졌어요.

11 안쪽에 붙은 모양이에요.

12 반대편도 똑같은 방법으로 삼각 팝업을 만들어요.

13 속지의 가운데 접힌 부분에도 삼각 팝업 2개를 만들어요.

14 삼각 팝업이 모두 만들어진 모양이에요.

15 검정 색지 4장을 삼각 팝업의 앞쪽 면에 세로로 길게 붙여요.

16 팝업이 안으로 들어가도록 하면서 접는 선을 따라 위에서 아래로 순서대로 접어요.

17 아랫부분을 위로 접으면 완성이에요.

Step 2. 책 꾸미기

1. 삼각 팝업에 붙인 검정 색지에 민족저항운동을 주도한 인물 사진을 붙여요.

2. 그 아래에 각 인물에 대한 설명을 적어요.

3. 아래 사진에도 설명을 적어요.

4. 위에서부터 2번 접어요.

5. 완전히 접고 아랫부분을 접어 올려요.

6. 아랫부분 표지에 한지를 붙여요.

7 | 원 모양 색지를 준비해서 벨크로를 붙여요.

8 | 원 모양 색지의 아래쪽에는 풀칠하여 사진과 같이 붙이고 위쪽은 벨크로로 고정해요.

9 | 펼쳤을 때 모양이에요.

10 | 제목을 쓰고 원 모양 색지에 스티커를 붙여 주면 완성이에요.

여성 독립운동가들

폴드폴드 별북

폴드폴드 별북은 개별적인 4개의 주제에 대하여 설명할 때 유용한 기법이에요. 주제에 따라 창의 개수를 조절할 수 있고 크기도 바꿀 수 있어요. 창의 위치도 정해진 것이 아니기 때문에 원하는 곳에 창을 만들 수 있어요.

만들면서 익히는 역사 이야기

항일 운동에는 남녀가 따로 없었어요. 많이 알려지지는 않았지만 여성 독립운동가들도 많이 있었어요. 의병들에게 음식과 옷을 조달하고 적극적으로 여성 항일 운동을 이끈 윤희순, 근우회 여성 운동 지도자로 독립운동에 참가한 여성 혁명가 박차정, 농촌 계몽운동에 힘을 쏟은 최용신, 유학으로 쌓은 지식을 바탕으로 2.8 독립선언에 참여하고 임시정부에서도 활동한 김마리아 등이 그분들이랍니다.

4절 색상지 1/2 2장, 표지용 구김지(7.5x20cm) 2장, 꾸밈용 한지

Step 1. 책 만들기

1 색깔이 다른 4절 색상지 1/2 사이즈를 각각 1장씩 준비해요.

2 배경이 되는 종이를 부채접기 방식으로 8칸이 되도록 접어요.

3 먼저 접은 종이와 색이 다른, 속지가 될 종이를 반으로 접은 상태에서 양 끝의 열리는 부분이 풀칠면이 되도록 1cm 정도 접어요.

4 풀칠면을 제외하고 8칸이 되도록 접어요.

5 위에서 접은 색지 2장을 겹쳤을 때 사진과 같은 모양이 나오도록 하면 돼요.

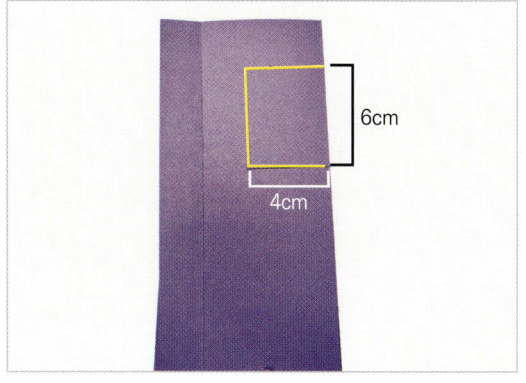

6 풀칠면은 편 후 속지가 되는 색지를 가지런히 모아서 네모 모양의 창이 되도록 오려요.

04. 여성 독립운동가들

7 펼치면 4개의 창이 나와요.

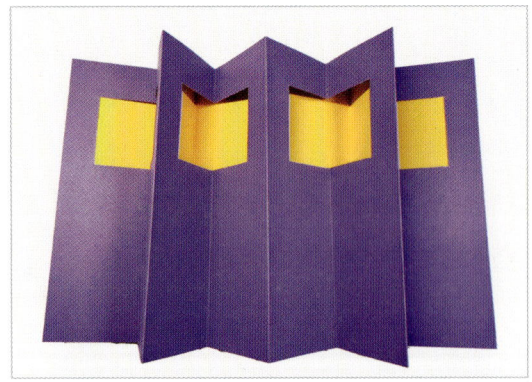

8 창을 낸 색지를 2번의 색지에 끼우면 사진과 같은 모양이 돼요.

Step 2. 책 꾸미기

1 배경이 되는 색지에 여성 독립운동가 4인의 사진을 붙여요.

2 이때 사진의 위치는 속지를 겹쳤을 때 창의 위치와 같아요.

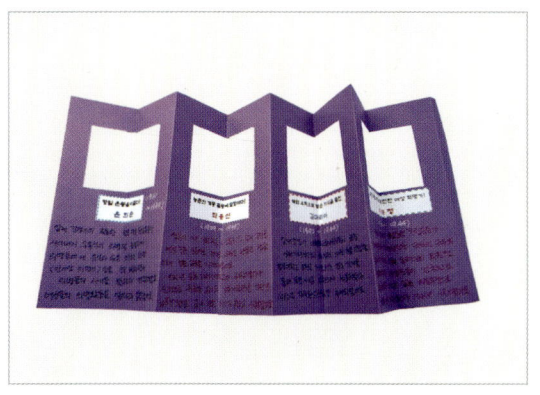

3 속지에는 사진에 대한 설명을 적어요.

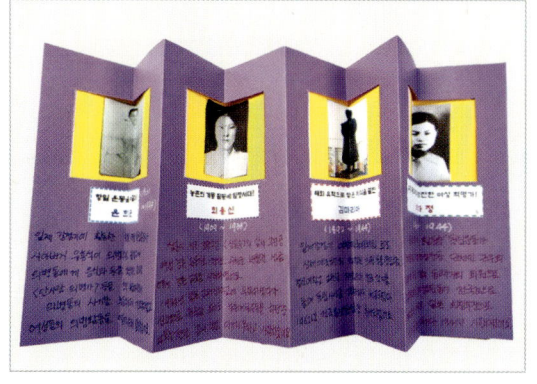

4 두 색지를 모두 겹쳤을 때 모양이에요.

5 풀칠면에 풀칠을 해 주세요. 이때 풀칠면이 밖으로 나오도록 해야 해요.

6 양 끝의 풀칠면을 모두 붙인 후 표지를 붙일 수 있도록 전체적으로 풀칠해요.

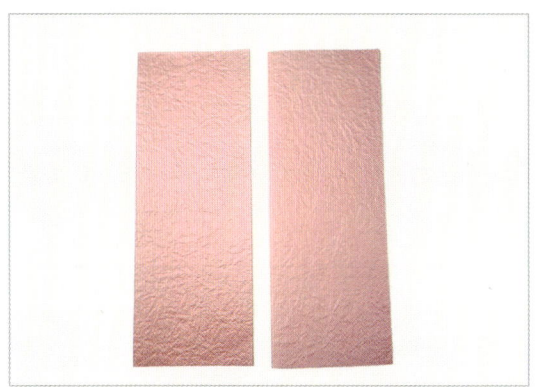

7 표지가 되는 구김지 2장을 준비해요.

8 표지를 앞뒤로 붙여요.

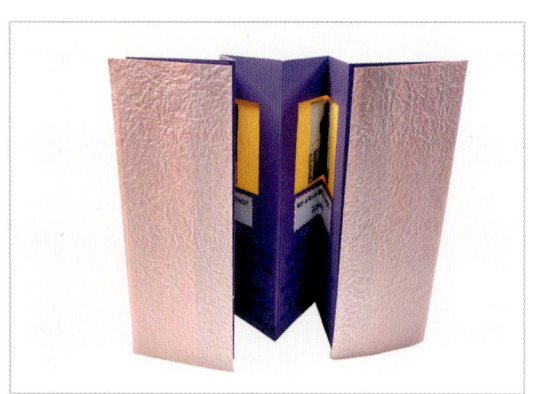

9 표지를 붙인 모양이에요.

10 표지를 한지로 꾸미고 제목을 쓰면 완성이에요.

05

6.25 전쟁

180° 팝업은 주제에 따라 여러 가지 모양으로 만들어 활용할 수 있어요. 6.25라는 주제에 맞게 불꽃을 이용했는데 불꽃의 크기와 모양, 색깔은 임의로 바꿔도 돼요.

만들면서 익히는 역사 이야기

1950년 6월 25일 일요일 새벽, 북한은 38선을 넘어 기습 남침을 감행했어요. 이것이 6.25전쟁의 시작이에요. 북한군은 전차를 앞세워 3일 만에 서울을 점령하고, 기세를 몰아 낙동강까지 진출했어요. 이에 국군과 유엔군은 낙동강 전선을 사수하고 인천상륙작전을 통해 서울을 수복했어요. 이후 중공군의 개입으로 후퇴와 공격을 반복하며 소모적인 전투가 계속되는 사이에 소련의 제의로 정전 회담이 시작되어 2년 만에 정전 협정이 체결되었어요. 대한민국은 전쟁이 완전히 끝난 상태가 아니에요. 전쟁이 협정으로 인해 중단된 상황이랍니다.

8절 색상지 1장, 큰 불꽃용 색지(24x15cm) 1장, 작은 불꽃용 색지(12x8cm) 2장, 작은 불꽃용 색지(11x6cm) 2장, 지지대용 색지(8x4cm) 4장, 표지용 타공지(19.5x27cm) 1장, 제목용 색지(19.5x6cm) 1장, 꾸밈용 스티커

Step 1. 책 만들기

1 | 8절 색상지를 반으로 접었다 펴 주세요.

2 | 큰 불꽃용 색지 1장을 준비해서 아래쪽에 2cm의 풀칠면을 접어요.

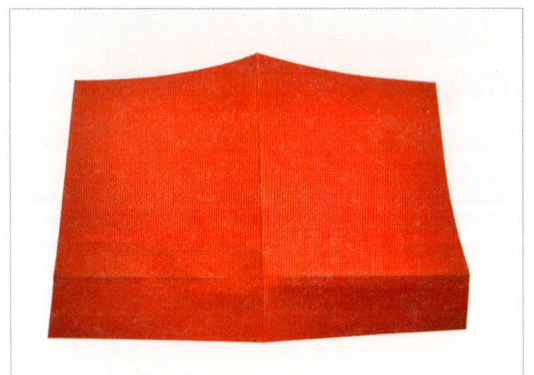

3 | 가로로 반으로 접어요.

4 | 반으로 접은 상태에서 윗부분을 불꽃 모양으로 오려요.

5 불꽃 모양으로 오린 색지를 펼쳤을 때 모양이에요.

6 다시 반으로 접고 아래 풀칠면을 접힌 쪽을 기준으로 잘라요.

7 펼쳤을 때 모양이에요.

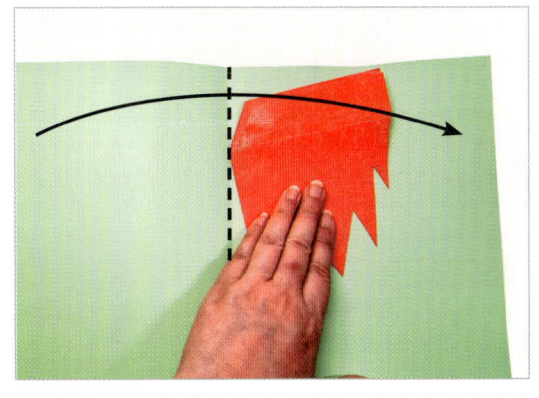

8 불꽃 모양 색지를 뒤집어서 8절지의 중심선에 맞춰 한쪽에 붙여요. 위쪽 풀칠면에 다시 풀칠하고 반대편 색지를 덮었다 펼쳐요.

9 180° 팝업이 완성되었어요.

10 지지대용 색지 2장을 준비해서 4등분이 되도록 접어요.

11 불꽃 팝업 오른쪽에 앞에서 접어 놓은 색지를 붙여요.

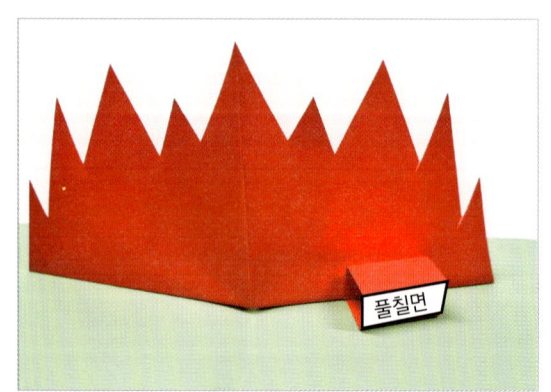

풀칠면

12 사각기둥 모양이 되도록 붙여요.

13 작은 불꽃용 색지 1장을 불꽃 모양으로 잘라 사각 기둥의 앞쪽에 붙여요.

14 왼쪽에도 사각 기둥을 만들고 그 앞에도 작은 불꽃용 색지를 불꽃 모양으로 오려 붙여요.

15 지지대용 색지 1장을 더 준비해서 오른쪽 불꽃의 앞쪽에 사각기둥 모양으로 붙여요.

16 작은 불꽃용 색지를 불꽃 모양으로 잘라 사각 기둥에 붙여요. 왼쪽도 15~16번을 반복해요.

17 3단 180° 팝업이 완성되었어요.

Step 2. 책 꾸미기

1. 불꽃 팝업의 아래에 6.25 전쟁과 관련된 내용을 써요. 부록 279p

2. 표지가 될 타공지 1장을 붙이고 싶은 모양대로 잘라 붙여요.

3. 색지에 제목을 써서 붙이고 스티커로 꾸미면 완성이에요.

북아트 제작용
도안과 이미지

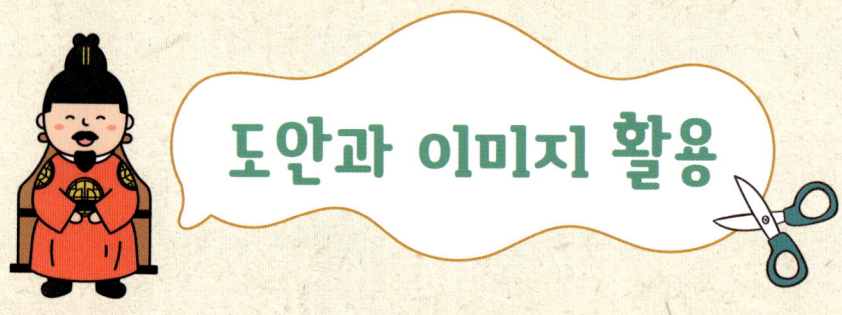

도안과 이미지 활용

1. 북아트를 만들거나 페이지를 꾸밀 때 꼭 필요한 이미지와 도안을 담았어요.
손쉽게 싹둑싹둑 오려서 북아트에 붙인 뒤 사각사각 내용을 채워 넣을 수 있어요.

2. 부록에 없는 이미지들은 책을 참고해 직접 찾은 뒤 프린트해서 꾸며 보세요.

3. 부록의 도안이나 이미지는 사이즈를 참고하되 원하는 모양으로 자유롭게 오려서 꾸며도 괜찮아요.

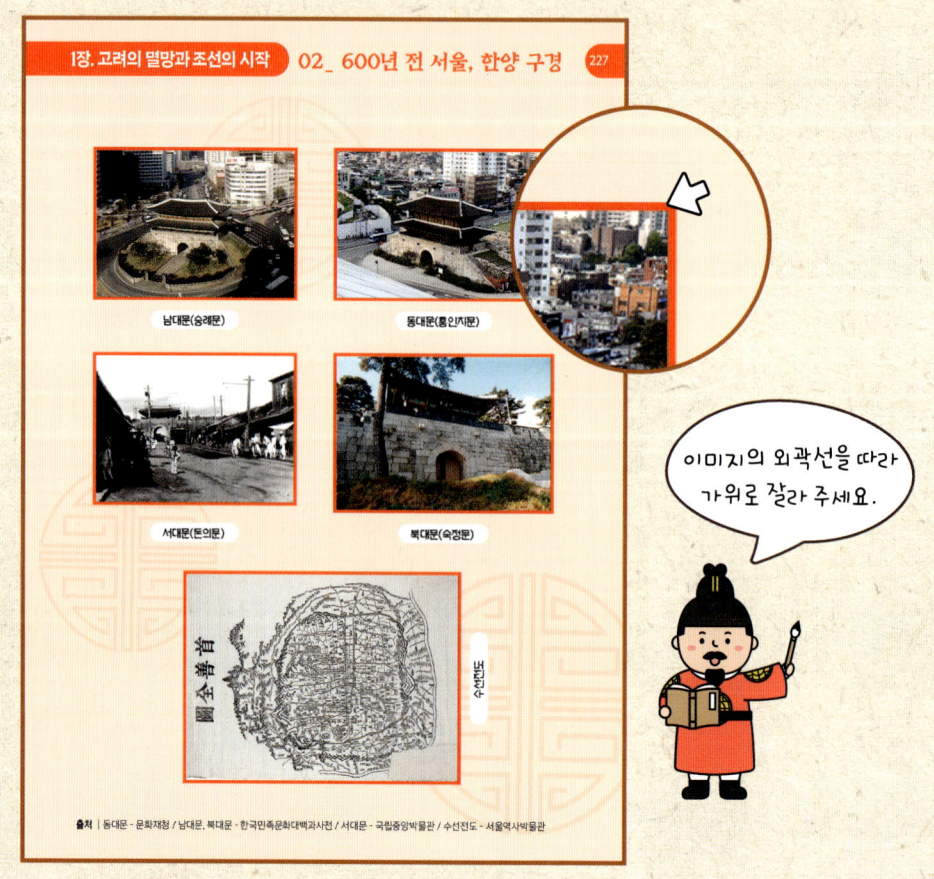

1장. 고려의 멸망과 조선의 시작
01_ 고려 멸망과 조선의 건국

태조

우왕과 최영이 요동 정벌을 준비할 때 신진사대부들은 이성계와 함께 전쟁을 반대했어요. 하지만 우왕과 최영은 요동 정벌에 이성계를 보냈고, 이성계는 명령을 거부하고 돌아와(위화도 회군) 우왕과 최영을 몰아냈어요.

우왕의 뒤를 이은 어린 창왕도 물러나고 34대 공양왕이 나라를 다스리게 되었어요. 물론 공양왕도 창왕과 우왕처럼 이성계와 신진사대부들이 앉힌 허수아비 왕에 불과했지요.

이성계의 아들 이방원에 의해 고려의 마지막 충신인 정몽주가 선죽교에서 죽은 후 이성계는 정도전을 비롯하여 귀양 갔던 사람들을 모두 불러들였어요.

이렇게 해서 이성계, 정도전과 함께 고려의 권력을 잡게 된 세력은 공양왕을 물러나게 하고 이성계를 왕으로 받들었답니다.

이성계는 나라 이름을 '조선'이라고 정하며 새로운 나라를 열었어요.

이로써 태조 왕건이 세운 고려 왕조는 474년 만에 공양왕을 끝으로 역사 속으로 사라지게 되었어요.

1장. 고려의 멸망과 조선의 시작
02_ 600년 전 서울, 한양 구경

남대문(숭례문)

동대문(흥인지문)

서대문(돈의문)

북대문(숙정문)

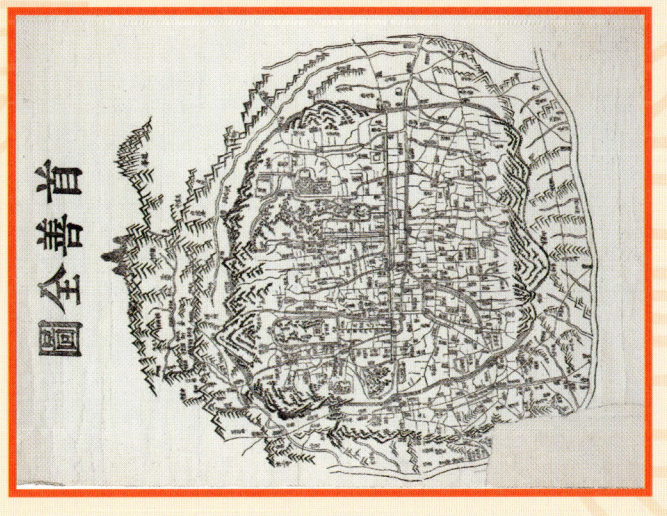
수선전도

출처 | 동대문 - 문화재청 / 남대문, 북대문 - 한국민족문화대백과사전 / 서대문 - 국립중앙박물관 / 수선전도 - 서울역사박물관

1장. 고려의 멸망과 조선의 시작
03_ 세종대왕과 훈민정음

세종대왕 훈민정음 - 제목

세종

- 1397년 : 태종 이방원의 셋째 아들로 태어났어요.
- 1418년 : 22세의 나이로 왕위에 올랐어요.
- 1420년 : 집현전을 학문연구기관으로 만들었어요.
- 1425년 : 박연으로 하여금 아악을 정리하게 하여 음악을 장려하였어요.
- 1427년 : 의학서 『향약구급방』을 인쇄하여 널리 알렸어요.
- 1429년 : 『농사직설』을 편찬하였어요.
- 1433년 : 약재에 관한 의약서 『향약집성방』을 편찬했어요.
- 1434년 : 김종서를 시켜 두만강 방면에 6진을 설치하였어요.
- 1443년 : 백성들을 위한 훈민정음을 창제했어요.
- 1445년 : 훈민정음으로 『용비어천가』를 지었어요.
- 1446년 : 훈민정음을 반포하였어요.
- 1447년 : 『석보상절』을 지었어요.
- 1449년 : 『월인천강지곡』을 지었어요.
- 1450년 2월 17일 여덟째 아들인 영응대군의 집에서 돌아가셨어요.

세종대왕 약력

1장. 고려의 멸망과 조선의 시작
04_ 장영실과 조선의 과학

자격루

측우기

해시계

1장. 고려의 멸망과 조선의 시작 — 05_ 조선의 큰 법 경국대전

풀칠 하는 곳 ⓑ

풀칠 하는 곳 Ⓐ

1장. 고려의 멸망과 조선의 시작
05_ 조선의 큰 법 경국대전

235

경국대전

출처 | 경국대전 - 한국민족문화대백과사전

1장. 고려의 멸망과 조선의 시작
07_ 조선 왕의 하루

왕의 하루 일과

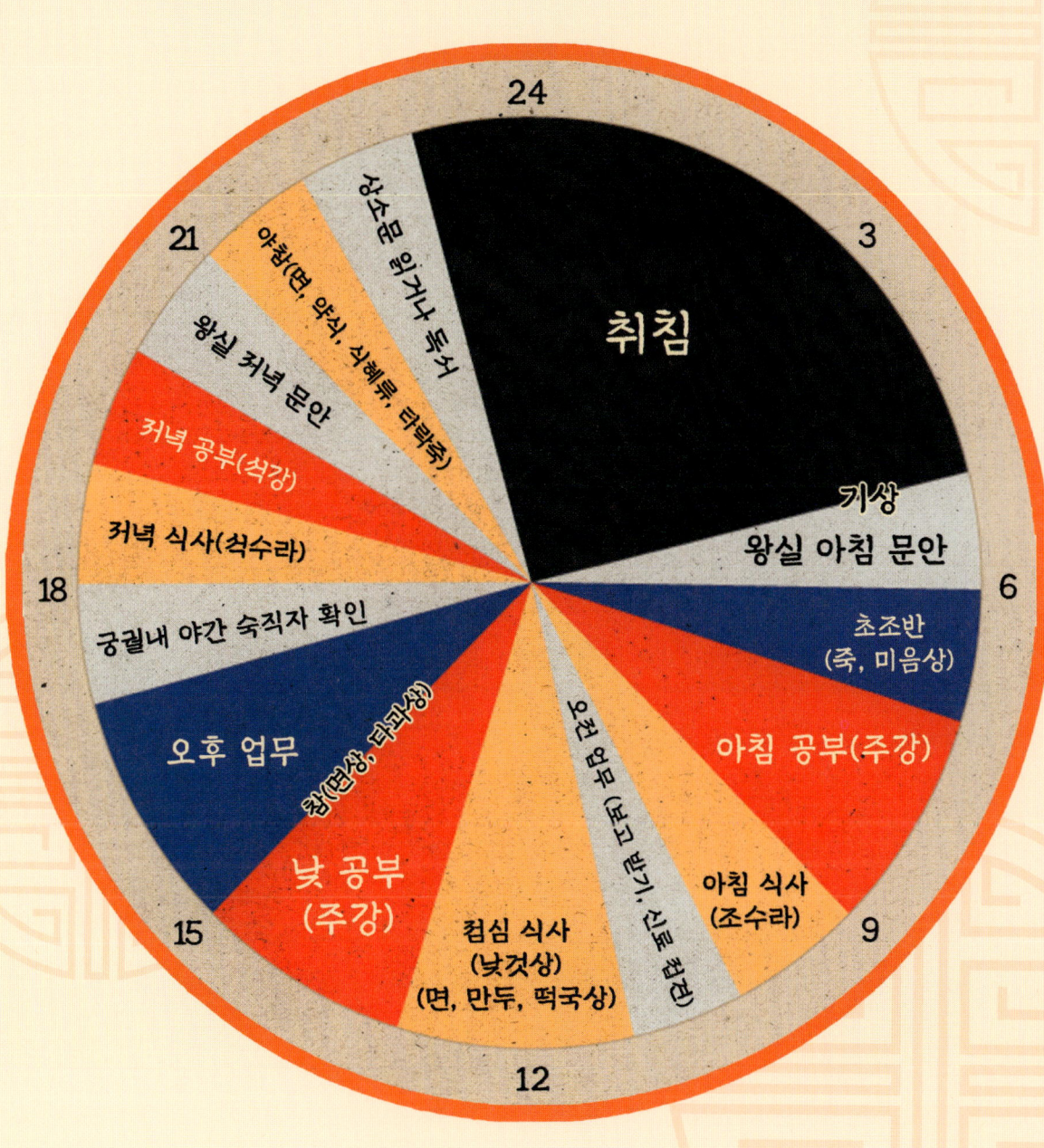

1장. 고려의 멸망과 조선의 시작
07_ 조선 왕의 하루

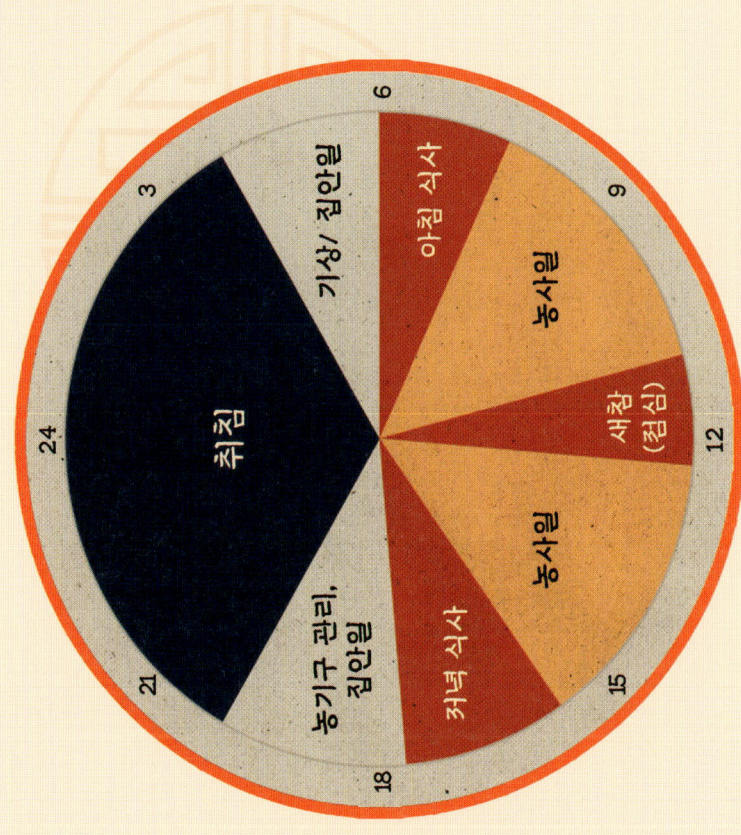

상민(농민)의 하루 일과

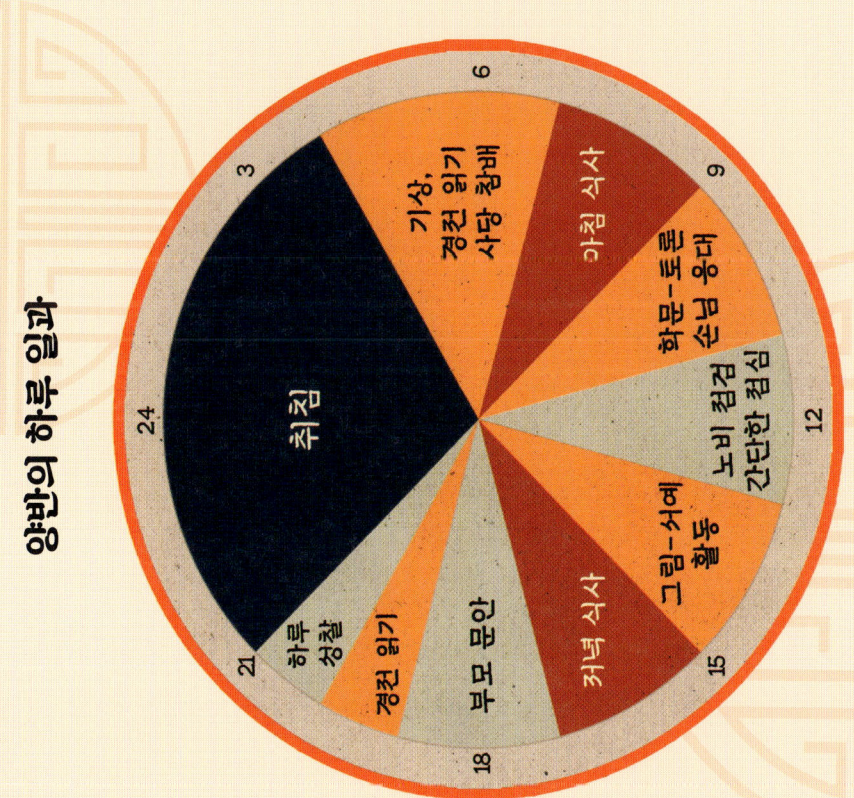

양반의 하루 일과

2장. 우리 땅을 지키기 위한 노력　01_ 7년 전쟁 임진왜란

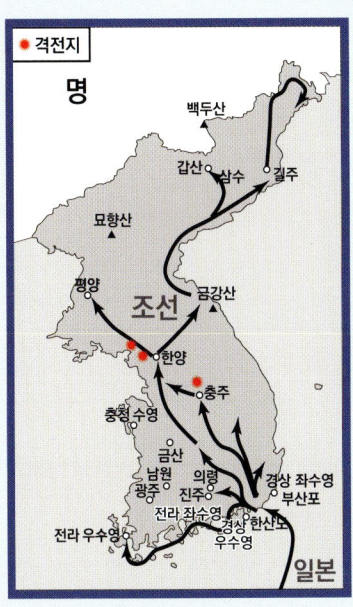

임진왜란 격전지 지도

비격진천뢰

신기전과 화차

지자총통

2장. 우리 땅을 지키기 위한 노력　02_ 이순신과 거북선

243

거북선

난중일기

출처 | 난중일기 - 국립한글박물관

2장. 우리 땅을 지키기 위한 노력

02_ 이순신과 거북선

이순신

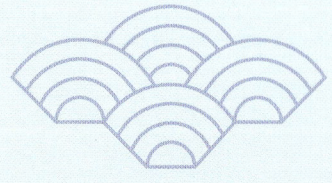

2장. 우리 땅을 지키기 위한 노력   05_ 상처로 남은 병자호란

남한산성 수어장대

삼전도비

출처 | 남한산성 수어장대, 삼전도비 - 한국민족문화대백과사전

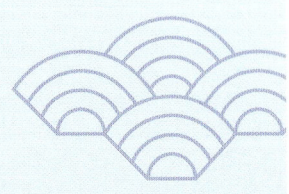

2장. 우리 땅을 지키기 위한 노력
06_ 독도를 지킨 안용복

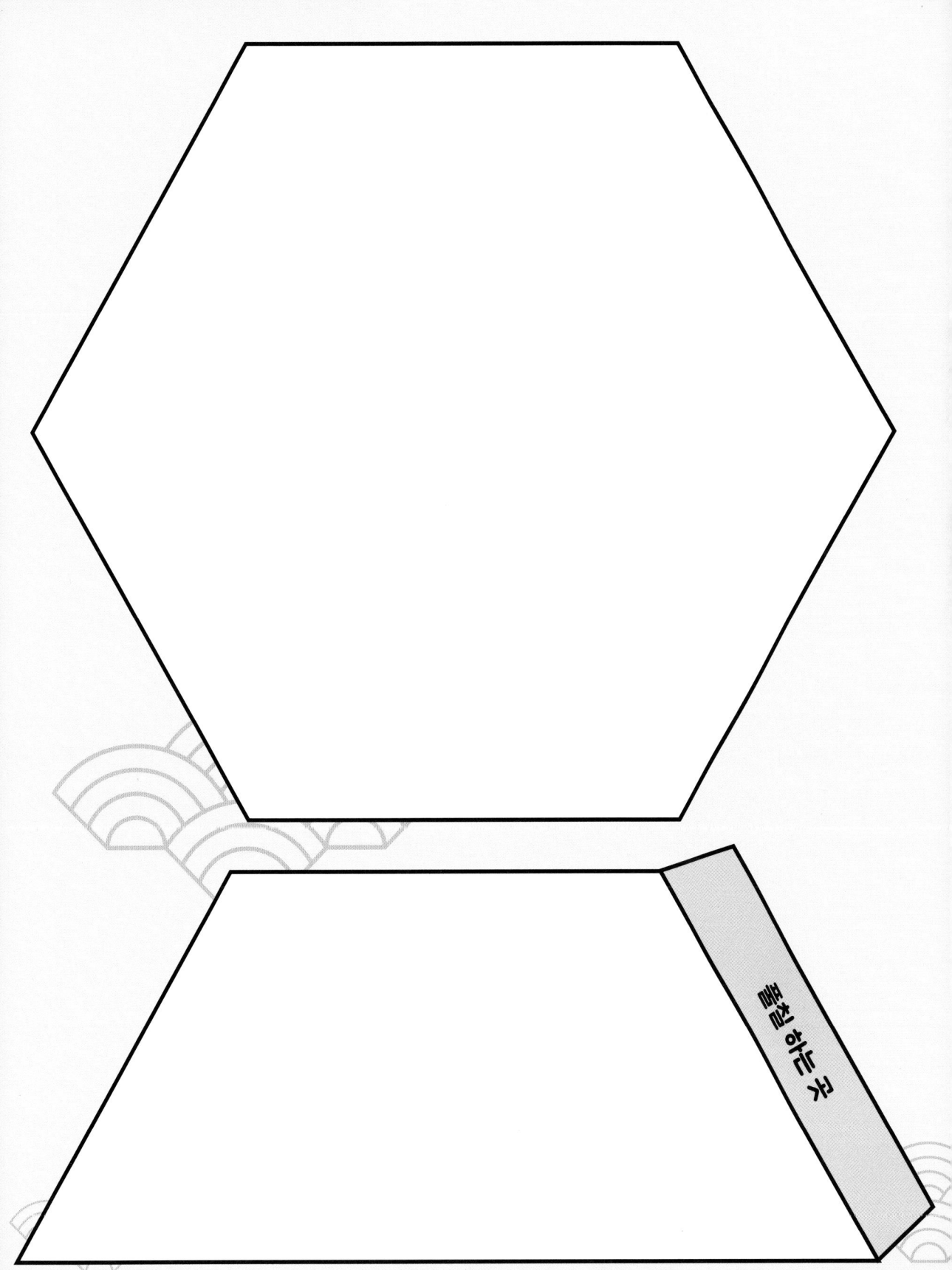

2장. 우리 땅을 지키기 위한 노력　07_ 선비를 닮은 소박한 백자

달항아리

백자끈무늬병

청화매화새대나무무늬항아리

항아리

3장. 화려하게 꽃피운 조선의 문화 01_ 영조와 사도세자

견도

영조

출처 | 견도 - 국립고궁박물관

3장. 화려하게 꽃피운 조선의 문화 — 02_ 정조와 수원화성

화성원행의궤도

수원화성 서북공심돈

정조

수원화성 팔달문

출처 | 화성원행의궤도 - 국립고궁박물관 / 수원화성 서북공심돈, 수원화성 팔달문 - 한국민족문화대백과사전

3장. 화려하게 꽃피운 조선의 문화
03_ 다산 정약용

거중기

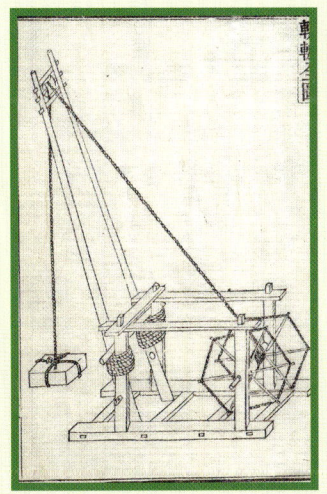
녹로

목민심서

정약용

경세유표

출처 | 거중기, 경세유표, 목민심서 - 한국민족문화대백과사전 / 녹로 - 국립중앙박물관

3장. 화려하게 꽃피운 조선의 문화
05_ 조선의 화가 김홍도와 신윤복

김홍도 - 고누놀이

김홍도 - 벼타작

김홍도 - 고서당

김홍도 - 씨름

출처 | 고누놀이 / 벼타작 / 고서당 / 씨름 - 국립중앙박물관

3장. 화려하게 꽃피운 조선의 문화 　06_ 김정호와 대동여지도

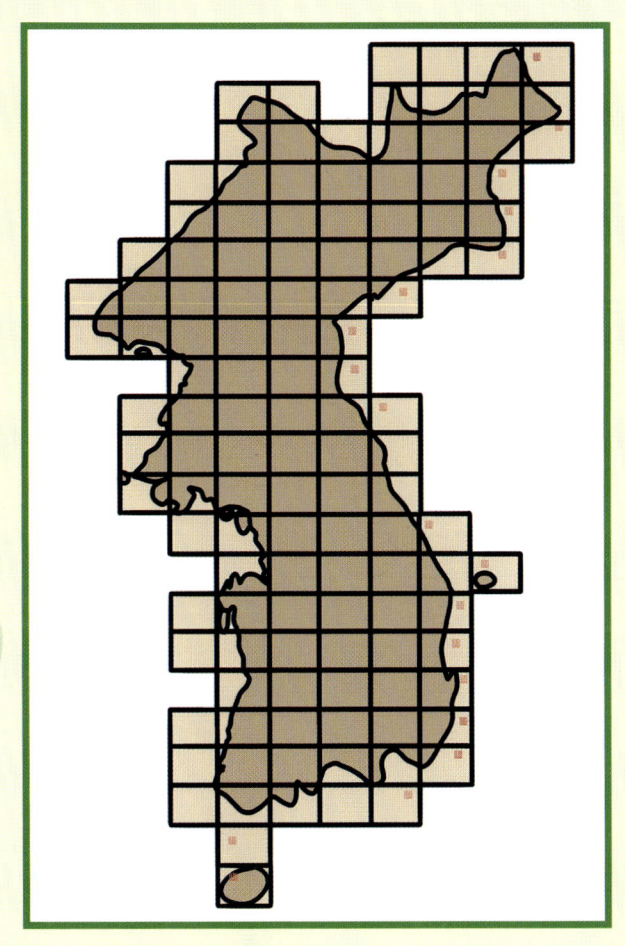

대동여지도

3장. 화려하게 꽃피운 조선의 문화   **07_ 백성들이 즐긴 서민 문화**   263

민화 호랑이

4장. 조선 후기의 사회   **01_ 여자 거상 김만덕**

김만덕

출처 | 민화 호랑이와 까치 - 국립중앙박물관 / 김만덕 영정 - 김만덕기념관

4장. 조선 후기의 사회　02_ 강화 도령 철종

철종

출처 | 철종 어진 - 국립고궁박물관

4장. 조선 후기의 사회 03_ 서학과 서양 문물들

자명종

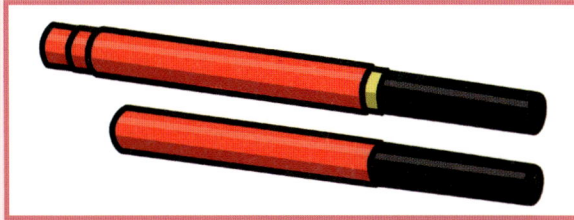
천리경

곤여만국전도

출처 | 곤여만국전도 - 수원광교박물관

4장. 조선 후기의 사회

05_ 녹두장군 전봉준

전봉준

5장. 외세의 침입과 조선사회의 변동

02_ 흥선대원군

척화비

흥선대원군

흥선대원군

출처 | 척화비 - 한국민족문화대백과사전 / 흥선대원군 초상화 - 국립중앙박물관

5장. 외세의 침입과 조선사회의 변동 03_ 임오군란과 갑신정변

우정총국

5장. 외세의 침입과 조선사회의 변동 04_ 고종과 명성황후

고종

명성황후

출처 | 우정총국 - 한국민족문화대백과사전

5장. 외세의 침입과 조선사회의 변동 — 05_ 비운의 마지막 왕실 가족

덕혜옹주

순종

순정효황후

영친왕

영친왕비

출처 | 영친왕, 영친왕비, 순종, 순정효황후- 국립고궁박물관 / 덕혜옹주 - 위키미디어

6장. 독립운동과 6.25전쟁   01_ 3.1운동과 유관순

3.1운동

태극기

유관순

출처 | 3.1운동 - 위키피디아

6장. 독립운동과 6.25전쟁 — 02_ 5인의 독립운동가들

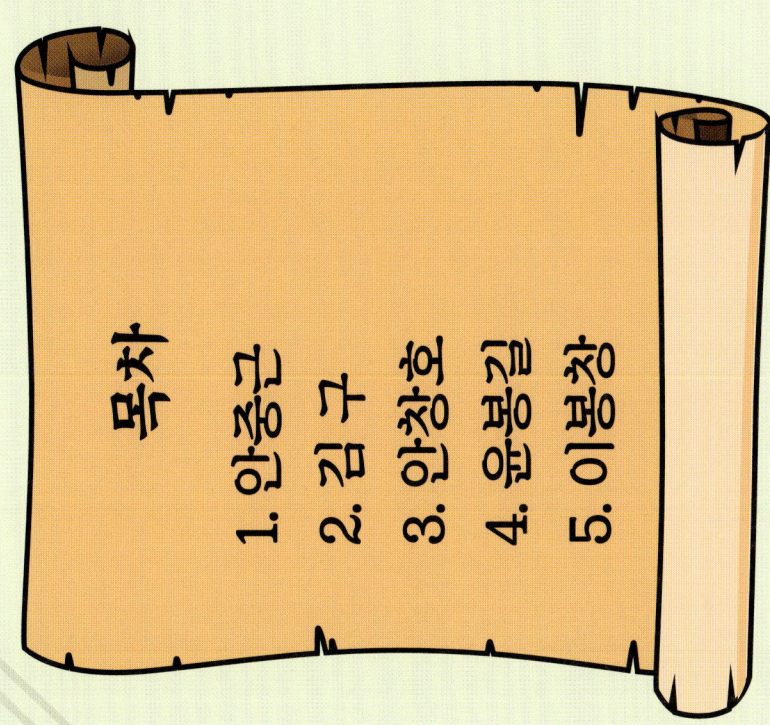

목차
1. 안중근
2. 김구
3. 안창호
4. 윤봉길
5. 이봉창

6장. 독립운동과 6.25전쟁 — 05_ 6.25 전쟁

6.25 전쟁 당시의 국군 모습

출처 | 6.25전쟁 - 셔터스톡